道元禅師のことば

「修証義」入門

法蔵館文庫

本書は、二〇一〇年四月一五日に、法藏館より刊行された。

あ-3-1

仏教と陽明学　荒木見悟著

諸思想が交錯する明代の思潮を解きほぐし、陽明学とは何かを闡明するとともに、高僧たちの個性的な思想を活写して明末仏教思潮を浮き彫りにする。解説＝三浦秀一

1100円

か-8-1

法華とは何か　菅野博史著

『法華遊意』を読む

吉蔵の『法華遊意』は、自身の法華経研究の精髄を簡潔に整理した綱要書。本書はその全文講読。現代語訳を段落ごとに掲げ、訓読文と注を付すとともに、明解な本文解説を施す。

1800円

お-6-1

谷口雅春とその時代　小野泰博著

新宗教「生長の家」創始者・谷口雅春に関する稀少な評伝。誕生から教団萌芽期までの思想遍歴を同時代の人々や諸思想との関わりから鮮やかに描き出した傑作。解説＝島薗　進

1500円

よ-1-2

魏晋清談集　吉川忠夫著

『世説新語』を中心として

三国志の英雄や竹林の七賢をはじめ、三～五世紀の人々の言葉と行動、そして時代のエートスを警抜で機知に富んだ表現で活写する短篇三四二条を『世説新語』等より抄訳。

1500円

あ-4-1

「修証義」入門　有福孝岳著

道元禅師のことば

道元の主著『正法眼蔵』の真髄をまとめた『修証義』の文章を一文ずつ取り上げ、原典との関係を明らかにしつつ、丁寧な解説を加えた入門書。原文、現代語訳、出典一覧付。

1100円

あ-5-1

能に憑かれた権力者　天野文雄著

秀吉能楽愛好記

朝鮮出兵のさなか能の自演に目覚めた秀吉は以後没年まで次々と前代未聞の試みをなしていく。多彩で精力的な愛好をとおして、能楽史を変えた権力者のすさまじい熱狂に迫る。

1500円

あ-2-1
方丈記を読む
孤の宇宙へ
荒木浩著
無常を語り、災害文学の嚆矢として著名な『方丈記』。第一人者による校訂本文、大意、原文、解説を含んだエッセイで構成。不安な時代にこそ読みたい、日本古典屈指の名随筆。
1200円

お-2-1
来迎芸術
大串純夫著
阿弥陀来迎図や六道図等の美と信仰のあり方を、浄土教美術に影響を与えた『往生要集』の思想や迎講・仏名会等の宗教行事から考証。解説＝須藤弘敏
1200円

に-1-1
仏教文化の原郷
インドからガンダーラまで
西川幸治著
伽藍、仏塔、仏像、都市、東西文化交流……近代以降、埋もれた聖跡を求めて数多行われた学術探検隊による調査の歴史をたどりつつ、仏教聖地の往事の繁栄の姿をたずねる。
1400円

い-4-1
仏教者の戦争責任
市川白弦著
仏教者の戦争責任を粘り強く追及し続けた禅研究者・市川白弦の抵抗と挫折、煩悶と憤怒の記録。今なお多くの刺激と示唆に満ちた現代の仏法と王法考察の名著。解説＝石井公成
1300円

お-5-1
涅槃経入門
横超慧日著
釈尊最期の教えを伝える『涅槃経』の成立過程や思想内容をわかりやすく解説した好著。日本の仏教にも多大なる影響を与えた『涅槃経』の真髄とは何か。解説＝下田正弘
1200円

に-2-1
仏教について
西谷啓治著
宗教哲学的思索の土台の上、広く深い視界から現代世界において仏教が抱える問題をやさしい言葉で丁寧にわかりやすく語る。七〇歳代の西谷が語った講演の記録。解説＝氣多雅子
1200円

さ-3-2

縁起の思想

三枝充悳著

縁起とは何か、縁起の思想はいかに生まれたのか。そして誰が説いたのか。仏教史を貫く根本思想の起源と展開を探究し、その本来の姿を浮き彫りにする。解説＝一色大悟

1400円

た-3-1

改訂 歴史のなかに見る親鸞

平雅行著

数少ない確実な史料を緻密に検証することで、歴史研究者として親鸞の事蹟の真偽を究明する一方、民衆の苦難と自らの思想信条とのはざまで悩み苦しむ親鸞の姿をも描きだす。

1100円

か-5-1

一遍語録を読む

金井清光
梅谷繁樹著

一切を捨てた「捨聖」一遍。その思想的背景と生涯を法語から読み解き、巻末では一遍の和讃「別願和讃」を『節用集』『日葡辞書』などを駆使して詳論する。解説＝長澤昌幸

1200円

う-1-1

日蓮の女性観

植木雅俊著

仏教は女性蔑視の宗教なのか？　仏教史における男性観、女性観の変遷、『法華経』における提婆達多と龍女の即身成仏を通して検証し、また男性原理と女性原理について考える。

1300円

お-1-1

寺檀の思想

大桑斉著

近世に生まれた寺檀の関係を近代以降にまで存続せしめたものとは何か？　家を基本構造とする幕藩制下の仏教思想を明らかにし、近世社会の本質をも解明する。解説＝松金直美

1200円

た-7-1

法然とその時代

田村圓澄著

法然はいかにして専修念仏へ帰入するに至ったのか。否定を媒介とする法然の廻心を基軸に、歴史研究の成果を「人間」理解一般にまで昇華させた意欲的労作。解説＝坪井剛

1200円

は-1-1

明治維新と宗教　羽賀祥二著

近代「神道」の形成と特質を仏教までもを含んだ俯瞰的な視野から考察し、「国家神道」に止まらない近代「神道」の姿をダイナミックに描いた、日本近代史の必読文献。

1800円

か-6-1

禅と自然　唐木順三著

近代という無常が露わになった時代をどう乗り越えるか。その克服の可能性を、逆に無常を徹底させる中世の禅思想のなかに見出した卓異の論考を精選。解説＝寺田透・飯島孝良

1100円

ひ-1-1

無神論　久松真一著

「絶対的自律」へ至る道を考究し続けた稀代の哲人・久松真一。その哲学の核心を示す珠玉の論考と自叙伝的エッセイ「学究生活の想い出」を収録。解説＝星野元豊・水野友晴

1000円

い-1-1

地獄　石田瑞磨著

古代インドで発祥し、中国を経て、日本へとやってきた「地獄」。その歴史と、対概念として浮上する「極楽」について詳細に論じた恰好の概説書。解説＝末木文美士

1200円

い-1-2

浄土教の展開　石田瑞磨著

インド・中国の浄土教を概観した上で、日本における浄土教の展開を、教理的観点から分析するとともに、社会一般の情勢とも関連づけて評価した恰好の概説書。解説＝梯　信暁

1500円

さ-3-1

ブッダとサンガ　〈初期仏教〉の原像　三枝充悳著

一人のブッダから多くの仏が生まれたのはなぜか。サンガはどのように成立したのか。仏教の根本問題を論旨明快な叙述で解きほぐす、恰好のインド仏教史入門。解説＝丸井　浩

1100円

法蔵館文庫既刊より

価格税別

た-1-1
仏性とは何か　高崎直道著
「一切衆生悉有仏性」。はたして、すべての人にほとけになれる本性が具わっているのか。日本仏教に根本的な影響を及ぼした仏性思想を明快に解き明かす。解説＝下田正弘
1200円

て-1-1
正法眼蔵を読む　寺田透著
多数の道元論を世に問い、その思想の核心に迫った著者による「語る言葉（パロール）」と「書く言葉（エクリチュール）」の「講読体書き下ろし」の読解書。解説＝林　好雄
1800円

あ-1-1
禅仏教とは何か　秋月龍珉著
仏教の根本義から、臨済宗・曹洞宗の日本禅二大派の思想と実践までを体系的に叙述。難解な内容を、簡潔にわかりやすくあらわした入門書の傑作。解説＝竹村牧男
1100円

た-2-1
悟りと解脱　宗教と科学の真理について　玉城康四郎著
徹底した禅定実践と学問研鑽によって仏道を求め、かくして到達したブッダの解脱に基づき、一切の枠組みを超えた真理を究明する。稀有の求道者の最後の書。解説＝丘山　新
1000円

か-3-1
増補　菩薩ということ　梶山雄一著
迷いと悟りの世界を生きる菩薩の存在は、大乗仏教の真髄である。大乗仏教がめざした人間像を探究しつづけた著者が最終的に到達した菩薩像と、その生き方とは。解説＝桂紹隆
1000円

有福孝岳（ありふく　こうがく）

1939年山口県生まれ。1968年京都大学大学院博士課程単位取得。京都大学教養部助教授・教授、同総合人間学部教授等を歴任。2003年京都大学定年退官。ドイツ、ヴッパータール大学客員教授（1991年夏学期）。現在、功山寺住職、東亜大学客員教授、京都大学名誉教授、文学博士。

著書に『道元の世界』、『「正法眼蔵」の心』、『「正法眼蔵」に親しむ』、『行為の哲学』、『カント事典』（編著）、『カント全集』（編著訳）など多数。

道元禅師《どうげんぜんじ》のことば「修証義《しゅしょうぎ》」入門《にゅうもん》

二〇二五年四月一五日　初版第一刷発行

著　者　有福孝岳

発行者　西村明高

発行所　株式会社 法藏館

京都市下京区正面通烏丸東入

郵便番号　六〇〇-八一五三

電話　〇七五-三四三-〇〇三〇（編集）

〇七五-三四三-五六五六（営業）

装幀者　熊谷博人

印刷・製本　中村印刷株式会社

ISBN 978-4-8318-2693-0　C0115

まえがき――『修証義』と『正法眼蔵』

一、『修証義』と『正法眼蔵』

明治二十年代に編集された『修証義』は、日本曹洞禅の新しいタイプの宗教大意・宗教安心《あんじん》ではありますが、しばしばその原典である『正法眼蔵』との関係は看過《かんか》されて、『修証義』そのものとして独立的に考えられている場合が多くあります。しかし実際には、『修証義』は『正法眼蔵』九十五巻の中から二十四巻を選び、その中の文章を適宜抜粋して、第一章「総序」、第二章「懺悔滅罪」、第三章「受戒入位」、第四章「発願利生」、第五章「行持報恩」の各章に振り分けたものなのです。

ところで、『修証義』の全文章のうちで、以下の二か所以外は、すべて『正法眼蔵』から採用されています。その二か所とは、第二章第十節の「我昔所造諸悪業《がしやくしよぞうしよあくごう》、皆由無《かいゆうむ》始《し》貪瞋《とんじん》痴《ち》、従身口意之所生《じゅうしんくいししょしょう》、一切我今皆懺悔《いっさいがこんかいさんげ》」（『四十華厳経』「普賢行願品偈」、『永平祖師得度略作法』）と、第三章第十六節の「衆生《しゅじょう》仏戒《ぶっかい》を受《う》くれば、即《すなわ》ち諸仏《しょぶつ》の位《くらい》に入《い》る、位大覚《くらいだいがく》に同《おなじ》うし已《おわ》る、真《まこと》に是《こ》れ諸仏《しょぶつ》の子《みこ》なりと」（『梵網経』『教授戒文』）の二か所です。

『修証義』全三十一節のうちで、この二つ以外は、すべて『正法眼蔵』から採用されている文章ばかりです。そのかぎりにおいて、『修証義』の文章は、そのほとんどが道元禅師の主著『正法眼蔵』からの抜粋的断片的引用でつづり合わされてできたものなのです。このように、『修証義』の一つ一つの文章は、道元禅師という類《たぐ》い希《まれ》な思索能力と表現能力をそなえたお方が、『正法眼蔵』の脈絡の中でお書きになったものであるといっても過言ではありません。

したがって、『修証義』を真に理解していくためには、本来は『正法眼蔵』を十分に理解していなければならないのです。『修証義』を編集された宗門の先輩の方々は、たしかに明治時代の叡知ではありますが、道元禅師の脈絡の中で語られた文章を、その脈絡とはまったく関係のない仕方で新たに編集し直したものであるという点において、非常に危険な要素を内に孕んでいるのです。その危険性を十分に承知した上で、『修証義』を読んでいかなければなりません。そういう次第なので、本書では、『修証義』の文意について解説するために、しばしば『正法眼蔵』の原文およびその前後の脈絡を参照し、その解説もあわせて試みています。

もし道元禅師が『修証義』をお読みになったらどのような感想を持たれるでしょうか。どこかで聞いたことのある文章のようにも感じられるでしょうし、たしかに私の書いた文章だが、こんなに細切れに書いた覚えはないといわれるでしょう。それでも、そういう仕方で、自らの文章が八百年後の日本人にもお経として読誦され受け入れられていることが分かれば、喜ばれるのでしょうか、悲しまれるのでしょうか。きっと複雑な感情を持たれることは間違いないでしょう。けれども断片的な仕方ではあっても、そういう仕方で八百年後までも『正法眼蔵』の言々句々が日本人に伝承されていることをお知りになれば、それはそれでお許しになるかもしれません。

それはともかく、このように、『修証義』の大部分の文章の典拠となっている『正法眼蔵』とは、そもそもどのような書物なのでしょうか。

二、『正法眼蔵』について

道元禅師の主著である『正法眼蔵』は、日本寛喜三（一二三一）年八月、道元禅師満三一歳から、建長五（一二五三）年正月の満五三歳までの、二二三年間にわたる説法を和文で書きつづったものです。その説法が行われた場所は、山城深草の安養院（極楽寺跡）、同じく本京宇治県（1）興聖寺、京都六波羅蜜寺側の波多野出雲守義重幕下、六波羅蜜寺、越前の吉峰寺（「きっぽうじ」または「よしみねでら」）、禅師峯（「ぜんじほう」または「やましぶ」）、大仏寺（後の永平寺）の七か所です。深草安養院において説かれた「弁道話」（寛喜三〈一二五一〉年八月十五日）からはじまって、最後に永平寺で説かれた「八大人覚《にんがく》」（建長五〈一二五三〉年正月六日）にいたるまで、道元禅師は百巻の『正法眼蔵』を完成するつもりでしたが、病気のためにそれはかないませんでした。これらの『正法眼蔵』はすべて、もちろん道元禅師自身が起草したものではありますが、これらを実際に書写したのは、懐弉《えじょう》（一一九八～一二八〇）・義演（？～一三一四）・義雲（一二五三～一三三三）などで、なかでも道元禅師の二歳年上の高弟懐弉が書写したものが最も多いのです。

なお『正法眼蔵』という題名の由来については、本書の二〇〇頁を参照していただきたいのですが、要するに、「今、正法眼蔵といふ名は、これぞやがて仏法を指す名にてある」という、『正法眼蔵』最古の注釈書『正法眼蔵抄』（一三〇八年刊行）を書いた経豪《きょうごう》和尚（年代不詳）の言葉に尽きます。すなわち、「正法眼蔵」とは、釈尊が自ら悟りを開かれて、その悟りの内容を弟子の摩訶迦葉に伝え、菩提達磨を経て六祖慧能をはじめとする祖師達に受け継がれ、如浄《にょじょう》和尚から道元禅師へと伝えられてきた仏教の根本真理を意味しています。なおいわゆる『正法眼蔵』ははじめからその名が付いていたわけではなくて、はじめは、「現成公案」とか「仏性」とかの各巻の題名のみが使われていたのですが、後に七十五巻本が編集されるに及んで、はじめて『正法眼蔵』が総称として採用されたものです。

ところで、『正法眼蔵』の編集は巻数の別によっておよそ次のように分類することができます。詳しくはその方面の解説書を参照していただきたいと思います。(2)

まず道元禅師自身の編集方針に基づいて、①七十五巻本（旧草）と②十二巻本（新草）とにまとめられたものが、最初のものです。どちらかというと、七十五巻本は哲学的思想的要素が強く、十二巻本はきわめて宗教的信仰的要素が強く打ち出されているといえます。

③六十巻本。永平寺五世義雲が、嘉暦四（一三二九）年に編輯したもの。七十五巻本からの五〇巻と、十二巻本からの七巻と、どちらの巻にもないもの二巻（法華転法華と菩提薩埵四摂法）とから成り立つもの。ただし、七十巻本では上下で一巻として扱われている「行持」の巻を、六十巻本では、上下二巻分として計算しています。

④八十四巻本（梵清本）。太容梵清《たいようぼんせい》（?〜一四二二）が応永二六（一四一九）年に書写編集したもの。七十五巻本を正編として、これに六十巻本にあって七十五巻本にないもの九巻を別輯として補足してできたもの。このテキストは江戸時代までは標準的なテキストでした。

⑤八十三巻本（瑠璃光寺本）。上十冊と下六冊の計十六冊から成り、上十冊には六十巻本『正法眼蔵』全巻を収め、下六冊には七十五巻の『正法眼蔵』から六十巻本『正法眼蔵』にはない二十三巻を収めています。

⑥『秘密正法眼蔵』二十八巻本（懐弉所持本）。福井県永平寺に秘蔵されていたもので、初冊十一巻と、中冊十巻と、下冊七巻とから成り、そのうち、「生死」「唯仏与仏」の二巻はこのテキストのみにあるものです。

⑦九十五巻本。これには、永平寺三五世晃全《こうぜん》（一六二七〜九三）が元禄年間（一六八八〜一七〇四）に編輯したものと、永平寺五〇世玄透即中《げんとうそくちゅう》（一七二九〜一八〇七）の輩下の穏《おん》達《たつ》・俊量《しゅんりょう》によって文化八（一八一一）年に開版された『永平正法眼蔵』とがあります。

三、『正法眼蔵』の新しいテキスト

次に、明治以後現代に至るまで種々の『正法眼蔵』のテキストが出版されていますが、衛藤即応校注の旧岩波文庫の『正法眼蔵』全三巻（一九三九〜四三年第1刷）、水野弥穂子校注新岩波文庫の『正法眼蔵』全四巻（一九九〇〜九三年第1刷）、ならびに岩波書店刊行の『日本思想体系』第十二・十三巻の寺田透・水野弥穂子校注『正法眼蔵』上下二巻、春秋社刊行の『道元禅師全集』第一・二巻の河村孝道校訂『正法眼蔵』上下二巻（一九九三年第1刷）などが代表的なものです。

本書における『正法眼蔵』からの引用に際しては、主として水野弥穂子校注の岩波文庫『正法眼蔵』四巻本（一九九〇〜九三年第1刷）に従い、ローマ数字は巻数、アラビア数字はページ数を示しています。また、この四巻本『正法眼蔵』に含まれていない文章から『修証義』が構成されている場合には、衛藤即応校注の岩波文庫『正法眼蔵』三巻本を参照しました。その際は、上、中、下の三巻をそれぞれⅠ、Ⅱ、Ⅲ巻と表記し、その前に旧の字を付け加え、ページ数はアラビア数字で示しました。

なお以下においては、『正法眼蔵』の引用箇所を示す場合には、『正法眼蔵』という書名を省略し、その巻名のみを記すことにします。他に参照したテキストは、古本（大久保道舟編『古本校定・正法眼蔵・全』、筑摩書房、一九六四年初版第1刷）と本山版（『本山版・縮刷・正法眼蔵』、鴻盟社、一九八〇年第8版）です。さらに本書の執筆に際して、引証ないしは参照した書物は、それぞれの当該箇所にその都度の註で提示しました。

なおここで採用した岩波文庫版『正法眼蔵』の漢字の語法と、『修証義』で採用されているそれとは、しばしば異なっていて、『正法眼蔵』原文のほうが平仮名が圧倒的に多く採用されています。しかしながら、本書はあくまで『修証義』の解説本であるので、もともとは『正法眼蔵』からの引用であっても、『修証義』の文章と重なる場合には、『修証義』の漢字語法に従っています。『修証義』に出てこない文章の場合には、岩波文庫版に従っています。本文に引用するにあたり、一部ルビを除いた場合があります。

四、『正法眼蔵』の注釈書

1、神保如天・安藤文英共編『正法眼蔵註解全書』全十巻別巻一、無我山房、一九一三・一四年。

2、西有穆山『正法眼蔵啓迪』上下二巻、代々木書院内『正法眼蔵啓迪』頒布会発行。ならびに、西有穆山『正法眼蔵啓迪』上中下三巻、大法輪閣、一九六五年。

五、『正法眼蔵』の現代語訳

1、高橋賢陳『全巻現代訳・正法眼蔵』上下二巻、理想社、一九七一・七二年。

2、中村宗一『全訳正法眼蔵』全四巻、誠信書房、一九七一・七二年。

3、玉城康四朗『現代語訳正法眼蔵』全六巻、大蔵出版、一九九三年。

4、石井恭二注釈・現代語訳『正法眼蔵』全四巻別巻一、河出書房新社、一九九六年。
5、増谷文雄訳注『現代語訳正法眼蔵』全八巻、講談社学術文庫、二〇〇四・〇五年。
6、水野弥穂子／石井修道訳注『原文対照現代語訳・道元禅師全集・正法眼蔵』全九巻（全集十七巻のうち）春秋社、二〇〇二～一二年（水野弥穂子氏が二〇一〇年に死去されたため、石井修道氏が訳注を引き継がれた）。

他にもいろいろなタイプの『正法眼蔵』のテキスト・注釈書・現代語訳等が出版されていますが、本書は『正法眼蔵』そのものの解説書ではなく、あくまで『修証義』の解説書なので、『正法眼蔵』そのものおよびその周辺についてこれ以上論ずることはここでは差し控えたいと思います。なお『修証義』の各文章と『正法眼蔵』の原文との関係については、『修証義』本文の解説の中でその都度論じているので、それを参照していただきたいと思います。

目次

道元禅師のことば「修証義」入門

『修証義』入門――『修証義』とはいかなるものなのか

ここでは、本書全体に対する入門的序論として、「一、『修証義』成立の経緯」と、「二、『修証義』の構成と要旨」とについて概説することにいたします。

一、『修証義』成立の経緯

『修証義《しゅしょうぎ》』とは、明治二十年頃、大内青巒《せいらん》（一八四五～一九一八、仏教一般ならびに道元禅の布教・大衆化のために粉骨砕身した在野の宗教家・教育者）を中心とする曹洞宗扶宗会において、道元禅師の主著である『正法眼蔵』より修証（修行と悟り）に深く関わる語を選び取って成立した「洞上在家修証義」を、さらに永平寺住職・滝谷琢宗《たきやたくしゅう》禅師（一八三六～九七）と総持寺住職・畔上楳仙《あぜかみばいせん》禅師（一八二五～一九〇一）とが徹底的に推敲して編集しなおした後に、明治二十三（一八九〇）年に公布されたものです。全体を総序《そうじょ》・懺悔《さんげ》滅罪《めつざい》・受《じゅ》戒入位《かいにゅうい》・発願利生《ほつがんりしょう》・行持報恩《ぎょうじほうおん》の五章三十一節に分け、曹洞宗の安心の標準としたのです。

ところで、なぜこのような五章に分けられるものの全体を『修証義』と名づけたのでしょうか。その理由は、この『修証義』の文言の一句一句が、ほとんどすべて『正法眼蔵』の言葉から抜粋されて作られたということ、しかも道元禅師はその主著『正法眼蔵』においては「修証一如・修証一等」ということを口が酸っぱくなるほど提唱されているということに基づいています。

普通一般には、仏教とは「転迷開悟（迷いを転じて悟りを開くこと）」であるとされ、したがって、修行が原因（手段）となって、証悟という結果（目的）が備わるものであるとされます。すなわち、修行をして後にだんだんと悟りの境地に近づくと考えられるのです。しかし、道元禅師によれば、修行がそのまま悟りであり、修行できるということは、すでに修行する力量があるからこそ可能なのです。だからまさしく「証上の修（悟った上での修行）」としてのみ可能であり、これを本証妙修（本来の悟りを優れた修行によって体現する）というのです。たしかに、修行する人には、すでに修行するだけの信念と道心と力量とが備わっているのです。これが本証妙修でなくて何でしょうか。修行できる人は、それだけの悟りの境地にすでに到っているのです。それゆえ、道元禅師は、以下のように示されます。

「それ、修証《しゆしよう》はひとつにあらずとおもへる、すなはち外道《げだう》の見なり。仏法には、修証これ一等なり。いまも証上の修《しゆ》なるゆゑに、初心の弁道すなはち本証の全体なり。かるがゆゑに、修行の用心をさづくるにも、修《しゆ》のほかに証をまつおもひなかれとをしふ、直指《ぢきし》の本証なるがゆゑなるべし。すでに修《しゆ》の証《しよう》なれば証にきはなく、証の修なれば修にはじめなし」(「弁道話」I 28〜29)。

ここで重要な点は、修行は証悟という結果への手段であるとして、修と証とを二つに分けて対立的にのみ考察するのは外道(非仏教的立場)の見解であり、修行と証悟とを不二一体的に考えずに、対立的に考えて、証悟に到達すれば、修行を捨て去って勝手気ままのやりたい放題ということではだめだということです。また、とかく、人間は一つのことを成し遂げると目標を失う場合もあります。修行と悟りとは不二一体であるという修証一等の説は、こうした修行を証悟のためのたんなる手段としてのみ考える立場を超えていく立場なのです。実際、人間の完成度は知れたもの、いずれにせよ不十分なので、人間は常に修行不足であると気を引き締めて、さらなる向上心のもとに、修行を続けるのが最善の生き方なのです。人間が向上心を持つ限りは、一生が修行であり、修行しようとする意欲を失えば、そこには向上の精神はなくなってしまいます。

道元禅師が修行と悟りを二つのまったく異なったものとする二元論的見地を否定される

根拠は次のようなところにあります。すなわち、正しい仏道修行とは、坐禅に明らかなように具体的に身をもって行うものであり（直指）、しかも、この坐禅の中には釈尊の悟りの全部が凝縮されて具体的に表現されているのです。これが「直指の本証」といわれるものです。すなわち、修行すればたちどころにそのまま本来の証悟が目の当たりに現前するのであり、こういう意味で本来の仏道修行とは、本よりあるところの悟りに導かれ照らされた修行（「証上の修」）であり、したがって、坐禅するということは、すでに悟りの舟に乗せられているという証しであり、悟りそのものの全体（「本証の全体」）の現れなのです。すなわち仏道修行（弁道）のすべてが、もとよりあるところの悟りの全体（「本証の全体」）以外の何ものでもないのです。(3)

したがって、道元禅師によってしばしば語られる言葉に、只管打坐《しかんたざ》（ひたすら坐ること）、非思量《ひしりょう》（思いにとらわれないこと、思いを超えること）、不染汚《ふぜんな》（分別心に染まらず汚されないこと、一切の執着心から自由であること）、本証妙修（修行と悟りとが一体であること、妙修とは修行の他に悟りがなく、悟りそのものとしての修行を行うこと）などがありますが、これらの意味するところもまた、「修証一等・修証不二」というモットーと深く連関するものです。道元禅師は、それゆえ、次のようにも書かれています。

「しるべし、修《しゅ》をはなれぬ証を染汚《ぜんわ》せざらしめんがために、仏祖しきりに修行のゆるくすべからざるとをしふ。妙修《めうしゆ》を放下《はうげ》すれば本証手《て》の中《うち》にみてり、本証を出身すれば妙修《めうしゆ》通身におこなはる（まさに知るべきことは、修行と不二一体である証悟というものを純粋に保持し続けるために、仏祖がしきりに教えられたことは、修行を決しておろそかにしてはならないということである。しかもその際修行をしながら修行にとらわれないならば、言葉では言い尽くせない修行の真の意味が全身全霊をもって目の当たりに実現されるのである）」（「弁道話」Ⅰ29）。

それゆえ、一瞬一瞬が本証を妙修する機会でありますが、修行することなしには、それは不可能です。だから人生は一瞬たりとも気を抜くわけにはいかないのです。

ところで、仏教には、「信解行証」という言葉がありますが、これは、信仰と理解と修行と証悟とを段階的なものとして区別するのに対して、道元禅師のもとでは、それらは別々に分かれているものではなくて、不二一体的なもの（一等一如）として理解しなければならないことが強調されます。したがって、道元禅師は『永平広録』において、次のように述べられています。

「いわゆる仏家のていたらくは宗説行一等なり。一如なり。宗とは証なり、説とは教なり、行とは修なり。当に知るべし……行は宗説を行ずるなり、説は宗行を説くなり、宗は説行を証するなり」（『永平広録』第八巻）。[4][5]

ところで、なにゆえに「修証義」と名づけたのか、ということへの滝谷琢宗禅師が自ら述べられた理由と根拠が、以下のように書かれています。『修証義』は、その「文々句々本証妙修ノ露現、吾人ヲシテ生死ヲ明ラメ、即心是仏ヲ承当セシムルノ法門ナレドモ、尚ホ是レ言音文字ナリ。各自ノ安心ハ文字ヲ離レテ、円通ノ大道ヲ修スベキガ故ニ、義ノ一事ヲ以テ之ヲ表彰セリ」（滝谷琢宗禅師『曹洞教会修証義筌蹄』）。

ではこの『修証義』の出現は道元禅師の『正法眼蔵』あるいは道元禅師その人にとっていかなる意味を持ちうるのでしょうか。『正法眼蔵思想体系』全八巻等の著者、岡田宜法（一八八二～一九九一）氏が述べているように、『曹洞教会修証義』が編纂されたことによって、禅門曹洞宗の教えが、出家主義的な僧堂仏法から在家主義的な街頭仏法へと一大転換したものであり、出世間的仏法より世間的仏法への転換を示したものであり、専門道場に籠城した仏法が一般大衆へ公開されたという意味において、画期的意義を有するものです。(6)

宗教はもともと人類救済のために出現したものである以上は、広く直接に人類を相手にしない宗教は無用の長物となってしまいます。もしも道元禅師の『正法眼蔵』がただいたずらに「室中奥裏」に秘蔵されたり、あるいはいわゆる「眼蔵家（『正法眼蔵』研究の専門家）」だけの専売特許の産物となるならば、道元禅師の仏法は決して民衆仏教となることはできず、はたまた人類に益する仏法禅道とはなりえないでしょう。このような『正法眼蔵』の秘教的な扱いは、『修証義』の出現によって、昔年の眠りを覚まされ、『正法眼蔵』中の珠玉の言々句々は堂々として民衆の面前にもたらされ、かえって燦然たる光明を放つことができるようになったのです。このようにして、『正法眼蔵』が『修証義』として再構築されることによって、至高にして深遠なる道元禅師の仏法は、たぐいまれな仕方で、仏教全般ならびに宗教一般に通底した普遍性と大衆性を兼ね備えた、日本随一の特色ある禅仏法と成り得たのです(7)。

それでは、『修証義』という聖典が、たんに曹洞宗内部においてのみならず、他宗派においても広く賞賛され、読誦されてきたのはなぜでしょうか。それは、以下に述べるように、本文が五章に分けられ、きわめてよく整理整頓された構成であること、さらに全編が有機的体系的な統一と連関とを保ちながら、各々の文章が格調高い流麗な文言によって構成されており、全体が完全に調和しつつ、仏教入門に不可欠な基本的要件をことごとく完備しているからです。これほど読みやすく、まとまりのある聖典は他にはないといっても過言ではありません(8)。

以上のことからして、『修証義』は、まさしく、仏教入門の最良最高のテキストです。しかしながら、大事なこと、忘れてはいけないことは、『修証義』の本当の意義もまた、『正法眼蔵』のそれと同様に、実際に坐禅をすることによって坐禅の意味を究明しなくては机上の空論となるということです。

二、『修証義』の構成と要旨

『修証義』は、第一章「総序《そうじよ》」、第二章「懺悔滅罪《さんげめつざい》」、第三章「受戒入位《じゆかいにゆうい》」、第四章「発願《ほつがん》利生《りしよう》」、第五章「行持報恩《ぎようじほうおん》」の五つの章から成り立っています。以下簡潔に概略を説明しておきます。

総序は、生死の問題を中心に、人間としてこの世に生まれることならびに仏法に出会うことの難しさ、無常の憑《たの》み難く因果の遁《のが》れ難いことを説いています。

そもそも生死という枠組みが与えられなければ人間の存在、生涯は考えられません。喜びも怒りも哀しみも苦しみも楽しみもこの生死という大海においてのみ与えられるものです。すなわち、人間存在とは生死です。

しかしながら、生まれたら最後、必ず死なねばなりません。人間存在としての生とは、西洋哲学においても「死への存在（Sein zum Tode）」（ハイデガー）、あるいは「死に至る病（Krankheit zum Tode）」（キルケゴール）などと定義されました。死と生とは不二一体です。死ぬのがいやなら生まれてくるな、生まれた以上は死を恐れるなと仏様にいわれるかもしれません。生命は無常です。無常の殺気は音もなく匂いもなしに時々刻々と迫ってきます。老少不定《ろうしょうふじょう》ですから、若くして死ぬ人もあり、百歳まで生きる人もあります。しかしどんなに長生きしても、死から逃れることはできません。人間は、死を追い越すことはできません。どんなにスピードをあげて死から逃れようとしても、最後には死という車に追い越されてしまうのです。

この生死の世界においては、原因結果の必然的関係としての因果の道理が歴然と支配しています。殴られると痛いように、誉められればうれしいように、原因があれば結果が生じてきます。事物に作用反作用があるように、行為にも因果の道理が必然的に支配しています。それは鉄の鎖でつながれているようなものです。

第二章以下は、正しい信心を起こして心を平安に保つ（安心立命《あんじんりゅうみょう》）ための仏教的手順が述べられています。

第二章の表題は「懺悔滅罪」となっています。すなわち、第二章は、自らの間違った行為を誠心誠意懺悔すべきことを説いています。人間は試験では百点がとれても、宗教的道徳的に考えれば、百点の者は誰一人いません。人間の行為はどんなによい行為であっても、せいぜいが六十点ぐらいのものです。これに対して、神とか仏とか呼ばれる存在者は、(9) いつでもどこでも百点満点の行為ができる存在者の別名です。間違いのない存在者が神仏です。神仏を信仰するということは、各々の人間が最高完璧な行為ができないとしても、このような、神仏という最高完璧な存在者を信ずることによって、自らの至らなさと、神仏の偉大さを同時に感ずることによって、最高完璧なあり方を願い、それを実現する努力を怠らず、その都度の行為の至らなさを自覚して懺悔するのです。

人の前で後ろめたいことを告白すれば、いくらか気が晴れるのと同様に、神仏の前で己の罪を懺悔すれば、神仏は各々の罪を軽くし、各人を仏道修行に邁進できるように、各人の障害を軽減して、各人が良い行為をしやすいように、各人を守って下さるのです。植物にも動物にも命は宿るわけですから、ただ生命があるだけではまだ宗教的自覚があるとはいえません。絶対に誤り無き存在者の前で懺悔告白してはじめて宗教的自覚が芽生えるのです。それだからこそ、人は絶対的に善なるものとしての神仏の前で己の罪を悔い改める必要があるのです。

第三章の表題は「受戒入位」となっています。この第三章「受戒入位」においては、十六条戒――三帰《さんき》戒《かい》（仏法僧）、三聚浄戒《さんじゆじようかい》（第一摂律儀戒《しようりつぎかい》、第二摂善法戒《しようぜんぼうかい》、第三摂衆生戒《しようじゆじようかい》）、十重禁戒《じゆうじゆうきんかい》（第一不殺生戒《ふせつしようかい》、第二不偸盗戒《ふちゆうとうかい》、第三不《ふ》邪淫戒《じやいんかい》、第四不《ふ》妄語《もうご》戒《かい》、第五不《ふ》酤《こ》酒戒《しゆかい》、第六不《ふ》説過《せつか》戒《かい》、第七不《ふ》自《じ》讃毀《さんき》他《た》戒《かい》、第八不《ふ》慳法財戒《けんほうざいかい》、第九不《ふ》瞋恚《しんい》戒《かい》、第十不《ふ》謗三宝戒《ぼうさんぼうかい》）――を受けるべきことが説かれています。詳しくは第三章の解説において述べますが、ここでは要点を総括的に述べておきます。

戒（śīla）とは、仏教においては、三学《さんがく》（戒・定・慧）あるいは六波羅蜜《ろくはらみつ》（布施・持戒・忍辱・精進・禅定・智慧）の一つとされてきました。このように、戒は、仏教道徳の総称であり、消極的には諸悪を防ぎ、積極的には諸々の善行を促進する行為・習慣の総称です。

いかなる団体においてであれ、それぞれの社会においては守るべき規則や習慣や約束事があります。日本人なら日本国憲法に従って行為しなければならないし、それぞれの自治体には自治体の規則があり、会社にも会社の規則があり、これらの規則・掟・約束・風俗・習慣に従って行為することが暗黙の前提になっています。すなわち、それぞれの社会的グループにはそれぞれ守るべき何ものかが存立していて、各々の社会的グループに属しているかぎりは、それらの守るべき規則に従って行為しなければならないのです。

この守るべきものを仏教では特に戒と名づけるのであり、まず仏・法・僧の三宝に関する戒が基本です。すなわち、大師、大先生としての仏に帰依すること、良薬としての法、あるいは真理としての教えに従うこと、優れた友人としての僧に帰依することが基本です。

すでに述べましたように、仏はいつでもどこでも間違いのない行為をなしうる存在者です。これに帰依することによって、人間は絶えざる努力をして己を一歩でも二歩でも向上させることが必要です。法というものは真理としての教えであり、これを学び実践する心を抱くことが仏教徒としての証です。

僧は、仏と一般大衆とを結びつける仲人です。大衆はいつでも仏教・仏法に触れるわけにはいかないので、ときどき僧を相談相手にして、僧の話を聞いて偉大な仏の教えに参ずる必要があります。大衆を仏教に導くことができる僧侶のみが勝友に値するのです。しかしながら、僧だけが生身の人間なので、一番誤りやすく危険な存在者でもありますが、同時に仏教の眼目である仏の教えを具体的に実践するという貴重な役割を担っているのです。このように我が身を通して目の当たりに生きた仏教を実現すべき僧の役割はきわめて重要なものです。

仏法僧の三帰戒の次には三聚浄戒《さんじゆじようかい》が提示されます。すなわち、守るべきもの（戒律）に従って行為すること（摂律儀戒）、悪を撃退し善を促進する事（摂善法戒）、一切衆生を済度しようとすること（摂衆生戒）です。済度とは、迷っている人を救済し、悟りの岸へと渡（度）し、迷いから解脱《げだつ》させることです。戒とは自己の戒めです。これを文言にしたものが律です。まずは、消極的側面としてできるだけ悪を防ぐことが重要であり、積極的には率先して善をこの世の中に実現することが大事です。しかも、この悪を防止し、善を促進すること（止悪促善《しあくそくぜん》）が己のエゴイズムのためにではなく、他者のため社会のために遂行されるならば、その行為は尊い行為です。これを仏教では「衆生無辺誓願度《しゆじようむへんせいがんど》（もろもろのいのちあるものの苦しみを救済しようとする誓願）」あるいは「自未得度先度他《じみとくどせんどた》（自ら未だ得度せざるにまず他を度す、自分の悟りを求めるより先にまず他者を救済しようとすること）」あるいは「おのれいまだわたらざるさきに、一切衆生をわたさんと発願《ほつぐわん》しいとなむなり」（「発菩提心」Ⅳ177）というのです。これらの三項目はいわば菩薩の誓願でもあります。菩薩とはいまだ仏の悟りを得ていないのですが、仏の境地に近づくべく努力精進を怠らない、すぐれた仏教者です。

次には、十重禁戒といわれる十箇条の戒があります。第一不殺生戒（殺すな）、第二不偸盗戒（盗むな）、第三不邪淫戒（邪淫するな）、第四不妄語戒（妄語するな）、第五不酤酒戒（毒を売るな）、第六不説過戒（過ちをあげつらうな）、第七不自讃毀他戒（自分をほめるな、他人をけなすな）、第八不慳法財戒（法財を出し惜しむな）、第九不瞋恚戒（みだりに怒るな）、第十不謗三宝戒（仏法僧を謗るな）です。これらの十重禁戒は、私たちが日常生活においてつねに犯す危険性を備えているものですが、社会生活においては重要なものばかりです。

以上のような十六条の戒は大乗菩薩戒ともいわれます。仏教徒が守るべき基本的な条項です。現代の世の中は無戒の世の中であり、自己自身を戒めながら、自主的に自己を規制する力がなくなっています。現代の自堕落で無軌道な生活意識を根本的に改めなければなりません。その一つの手助けになるのが、この己を戒めるという意味での「戒」の精神を現代の世の中に浸透させることです。

第四章「発願利生」章においては、自未得度先度他の心をおこすべきことが説かれます。大乗仏教の根本目的は、すべての人間が菩提心をおこして菩薩道を行ずること、すなわち、世のため人のために尽くすことにあります。

「菩提心をおこすといふは、おのれいまだわたらざるさきに、一切衆生をわたさんと発《ほっ》願《ぐわん》しいとなむなり」(「発菩提心」Ⅳ177)ということです。私たちは、現在においては、まず自分のことだけ考えておけばよいと思いがちで、とても人のために尽くすなどということは無理であると考えがちです。しかし、これは、まことに無思慮で浅はかな考えです。「菩提心を発《おこ》す」ということは、衆生無辺誓願度の願をおこして、一切衆生(生きとし生けるもの)を済度し利益《りやく》せんとする願いを発することです。衆生無辺誓願度という誓願は、仏菩薩の誓願ではあるけれども、同時に本当の意味での仏教徒ならば誰でもこのような誓願に生きるべきものです。このように、菩提心をおこして人を救済し利益しようとする者こそが生きた現実の菩薩です。このように菩薩の誓願に生きようとしているものにこそ、御利益《ごりやく》が授かるような世の中でないといけないと思います。いわゆる「ご利益《りやく》」という言葉は、人びとを救済しようとする仏の慈悲や、人びとの善行・祈念が原因となって、そのような善行の実践者が与《あずか》るべき、宗教的な恩恵や幸福をいうのです。

できるかぎり他人や社会のために役に立つような人間でありたいと願うところに大乗仏教の菩薩道が成り立つのです。そして、一生懸命真面目に己の本分を尽くすことが、すなわち、会社や地域や日本のため、世界のために役立つことであり、それが同時に己の信頼を勝ち取る行為でもあります。社会の中で各人が己の本分を真面目に尽くす行為がそのまま人の役に立つ行為となるのです。他者を利する行為は周り回って己を利する行為と成り得るのです。己の利益しか考えない人は人に嫌われ、結局は損をするのです。利他を行うことによって自利が巡らされてくるのです。あまりに目先の利益だけ追っかける愚人は本当の意味での自利を失うのです。利他行は自利行に反転して還ってくるのです。会社で一生懸命働けば、良い製品が作られ、消費者は利益を受けるし、そのような真面目な社員は上司の覚えも良くなるはずです。このように利益は循環するのであり、利他行の浸透によって社会は潤いのある社会と成り行くのです。

第五章「行持報恩」章においては、行持の遂行によって仏の大恩に報いることの重大性が説かれています。「行持」とは「修行によって護持」することです。たとえば、この坐禅はたしかに自らの足を組み手を組んで坐る行ですが、それは同時にお釈迦様の悟りを開かれた因縁を再現する営みであり、その再現行為によって、仏の姿を再現しているのです。人間は忘れ去る動物であり、行持を営まなければ、仏の悟りの因縁としての坐禅のことなんかすぐに忘れてしまうのです。坐禅が仏作仏行《ぶっさぶつぎょう》（仏の作為・行為）であることは、私たち一人ひとりの坐禅という行持によって、過去の仏の為された悟りの因縁を再現し、目の当たりに実現する行為であるということから明らかになります。行持道環《ぎょうじどうかん》とはこのことです。

ちなみに、世間でしばしば行われる記念行事も過去の優れた先人・偉人の行為・業績を想起し再生することによって、彼らの遺業に報いつつ、その遺業を目の当たりに再現しようとしているのです。そして、このような記念事業をやめると、過去の遺業はだんだんと忘れ去られていくのです。私たちは時に反復することによって、過去の先人のご恩に報いるのです。報いつつ再現していくことによって、過去の遺業にあやかり、現在に活《い》かすことができるのです。

ここで注目すべきことは、心の問題です。今から二千五百年前のお釈迦様の行為としての悟りに直に触れることができるのは、坐禅という営みであり、しかもお釈迦様と私たち現代人をつなげるものはお釈迦様を信ずる心です。キリスト教においても三位《さんみ》一体《いったい》という考えがあります。神、神の子、聖霊の三つがあり、人間と神をつなげる者は神の子としてのキリストとなっていますが、神と人間、キリストと人間をつなげる者は聖霊であり、聖霊とは、仏教的にいえば心です。これを仏教では即心是《そくしんぜ》仏《ぶつ》というのです。これは、華厳経の根本理念によれば、「三界唯一心・心外無別法・心仏及衆生・是三無差別」と表現されます（第五章参照）。したがって、『修証義』の結論は次のようになっております。

「過去《かこ》現在《げんざい》未来《みらい》の諸仏《しょぶつ》、共《とも》に仏《ほとけ》と成《な》る時《とき》は必《かなら》ず釈迦牟尼《しやかむに》仏《ぶつ》と成《な》るなり、是《こ》れ即心是《そくしんぜ》仏《ぶつ》なり、即心是《そくしんぜ》仏《ぶつ》というは誰《たれ》というぞと審細《しんさい》に参究《さんきゅう》すべし、正《まさ》に仏恩《ぶつおん》を報《ほう》ずるにてあらん」（『修証義』第五章最後尾）。

キリスト教では人間は絶対に神にはなれないかもしれませんが、仏教では、人間が仏（覚者、目覚めた者）になることができるのであり、仏教徒であるかぎりは、私たちはいつでもどこでも仏になるべき努力をしなければならないのです。

これから各章の詳論へ移る前に、各章の理念と各章相互の内的関連を示しておきます。第一章では、生死、無常、行為と因果、是非善悪等々の問題究明こそが仏教者の課題であることが示されます。第二章では、宗教的自覚はまず「懺悔」から始まること、第三章では、仏教者となるためには十六箇条の大乗菩薩戒を受けることが説かれます。このように、懺悔と受戒を兼修することによって初めて正式な仏弟子となることができるのです。第四章では、ひとたび仏弟子となった者は、とにかく自分よりも先に他者（衆生）を救うという誓願を実践すべきことが説かれます。第五章では、今ここに生きているという人間存在の根本事実に対する感謝と報恩の念を抱いて常に行動すべきことが説かれます。

第一章　総　序

第一節　生死の問題を明らかにする――総序1

生《しよう》を明《あき》らめ死《し》を明《あき》らむるは仏家《ぶつけ》一大事《いちだいじ》の因縁《いんねん》なり、生死《しようじ》の中《なか》に仏《ほとけ》あれば生死《しようじ》なし、但生死即《ただしようじすなわ》ち涅槃《ねはん》と心得《こころえ》て、生死《しようじ》として厭《いと》うべきもなく、涅槃《ねはん》として欣《ねご》うべきもなし、是時初《このときはじ》めて生死《しようじ》を離《はな》るる分《ぶん》あり、唯一大事因縁《ただいちだいじいんねん》と究尽《ぐうじん》すべし。

ここでは、人間にとっての根本問題としての「生と死」の問題が取り扱われています。

わけても、特に仏教においては、「生《しよう》を明《あき》らめ死を明《あき》らむるは仏家《ぶつけ》一大事《いちだいじ》の因縁《いんねん》なり」（「諸悪莫作《しよあくまくさ》」Ⅱ244）と言われるほどこのように、生と死の問題を明らかにすることは、仏教者として第一に対処し解決しなければならない事項です。それどころか、そもそも人間として生まれた瞬間から、生と死の問題がはじまっています。

生まれることは喜びばかりではありません。母親と父親は赤ん坊の生を維持するためにどれだけ苦心惨憺《さんたん》することか、子どもにははじめのうちは親のことはまったくわからないけれども、後に親になってみてはじめて親の恩がわかるのです。ともかく、生をこの世に受けることは、並大抵のことではありません。たんに生まれてくることだけではなくて、生を維持する間に、生長のさなかにあってすら、病魔が襲ってきて、いつ何時《なんどき》落命の憂《う》き目《め》に遭わないとも限りません。そういう意味で、人間の生はいかなる瞬間においても死の恐怖にさらされているのです。

とにかく、生とはすべての人間各自の個人的存在のはじまりです。死は人間各自の個人的存在の終わりです。死ぬのがいやなら、生まれなければよいのです。生まれたが最後、はじめは成長の楽しみがありますが、やがては老化と病気と死去の苦しみがやってきます。それゆえにこそ、釈尊は、生まれること、老いること、病むこと、死することを四苦と呼ばれました。これに、怨憎会苦《おんぞうえく》（憎たらしい者と会うという苦しみ）、愛別離苦《あいべつりく》（愛する者と別れるという苦しみ）、求不得苦《ぐふとくく》（不老不死を求めても得られないという苦しみ、物質的欲望が獲得され得ないという苦しみ、要するに求めるものが得られないという苦しみ）、五取蘊苦《ごしゅうんく》（五《ご》盛陰苦《じょうおんく》。現実を構成する五つの要素、すなわち、迷いの世界として存在する一切は苦であるということ）を加えて「四苦八苦」と呼び慣わしています。

何はともあれ、生と死の問題を解決すること、言い換えると生老病死の四苦の解決こそ、まさしく釈尊出家の因縁であり、したがって、仏教者にとっても同様に不可欠の公案《こうあん》(10)です。

ところが、「生死の中に仏あれば生死なし」といわれますが、その真意はどんなものでしょうか。仏とは、あらゆる生死の繋縛《けばく》からの解放され解脱した者であり、その意味は「覚者」すなわち悟れる者です。したがって、仏と共に生きておれば、生死の苦しみからは離脱した生き方ができるのです。仏と共に生きる生死は、いわゆる生死として本能的動物的苦痛を超えた生死です。

そうすれば、「但生死即ち涅槃《ただしょうじすなわねはん》と心得《こころえ》て、生死《しょうじ》として厭《いと》うべきもなく、涅槃《ねはん》として欣《ねご》うべきもなし」（「生死」Ⅳ467）です。生死に生死の苦しみがなければ生死はそのままで涅槃であり、寂静の境地にあって、心の平安を得ているので、生死を苦しいとのみ思って生死を厭い捨てることもなく、逆に生死に対立した、生死と涅槃を含めた全体の二分の一的な涅槃のみを追い求めることもなく、「行く先に　我が家ありけり　かたつむり」の境地に遊ぶことができるのです。すなわち、どこにも我が家があるということは、どこでもいつでも生死の中に涅槃という大安楽の境地にありうるということです。

ところで『正法眼蔵』「生死」の巻においては、①「生死のなかに仏あれば、生死なし」、

②「生死のなかに仏なければ、生死にまどはず」、③「この生死は、すなはち仏の御いのちなり」という三つの興味深い命題が展開されています。

まず、第一の命題「生死のなかに仏あれば、生死なし」と、第二の命題「生死のなかに仏なければ、生死にまどはず」とは論理的には互いに矛盾しているようにみえます。この両命題は、もともと、中国唐時代の禅僧の定山神英《じょうざんしんえい》（年代不詳）と夾山善会《かっさんぜんね》（八〇八～八八一）が語った言葉を、道元禅師がそれぞれ少しずつ変形したものです。『景徳伝燈録』七「大梅」章に従えば、あるとき両者が同行する際に問答して、定山は「生死の中に仏無ければ生死に非ず」といい、夾山は「生死の中に仏有れば、即ち生死に迷わず」と述べました。すなわち、定山に従えば、生死の問題は、そこに仏（覚者）の概念がなければ、真実の意味では仏教的な意味での生死の問題にはならず、たんなる動物的本能的生存があるだけである、となるわけです。これと同様に、夾山に従えば、生死の問題が仏（覚者）の概念と共に考えられる時にのみ、私たちは生死に迷わなくなるのです。[11]

それでは、①「生死のなかに仏あれば、生死なし」とはいかなることでしょうか。生死を、たんに生まれながらの無反省な、本能的動物的な生死として考えるならば、そこにはただたんなる流転輪廻[12]的な生死（生死の苦海に沈淪《ちんりん》し、迷いの世界から離脱できない凡夫的生死）だけがあって、仏も悟りも涅槃もありえません。ところが、「生死のなかに仏あり」

という境地が出てくると、永遠に救いのない迷いの世界から解放された生き方（生死）の次元に立ちうることになり、生死の苦しみから解放された生き方、悟りの世界に安住し、何ものにも左右されない自己を確立した、安心立命[13]という生き方、少なくともそれを目指した生死、もはやたんなる動物的生命ではない生死の世界に生きている、ないしは生きようとしていることになるのです。要するに、生死即涅槃、無常即仏性として自らの人生を引き受けることができるならば、私たちは、人生のどの一瞬においても、仏の掌の中で生活することができるのであり、それから逸れた時にはすぐさま反省をして軌道修正できる尺度を持つことができるのです。そこにあるのは、仏の命としての生死、したがって不生の生、不滅の滅であって、生死を超えた生死、生死に惑わされない生死、生を超えた生、死を超えた死、すなわち涅槃としての生死のみがあるのです。

さらに、これに対して、②「生死のなかに仏なければ、生死にまどはず」というのは、仏が否定的意味に使われています。つまり、生死と涅槃、生死と仏とを分け、一つの事柄を二元論的に考えると、どうしても生死を厭い、涅槃を願うということになるでしょう。だから、そういう煩わしい概念がなければ、「生死にまどわず」ということになるのです。仏の概念があだとなって、自らの生死を否定して、その解決を生死の彼岸に求めがちとなり、このようにして仏の概念がかえって自らを拘束する概念となっているのです。己自身の生死を忘れて、仏を自らの外に求めてしまうと、「生也全機現、死也全機現（生もまた全機現、死もまた全機現）」というふうに、生に徹底することも死に徹底することもできなくなるのです。仏の概念を持ってきたり、涅槃の概念を持ってきたりすると、生死を忌み嫌い、涅槃のみを追い求めてしまいやすいのです。生死といえば生死きりなので、わざわざ仏の境地などというものを持ってきて、仏に執着し、己自身の事柄としての生死を忘れてしまう危険もまた存在するのです。

仏の十個の名称（仏十号）のなかに「如来《にょらい》（きたるがごとく）」と「善逝《ぜんぜい》（よくいく）」とがありますが、「来ること」「行くこと」が執着なし跡形なしに自然に行われることを現しています。つまり自然法爾《じねんほうに》以外に生死の解脱はないということを物語っているのです。それは、「生死」のただなかに、「涅槃」を見出す立場であり、このような境地にあって生死を営む時にはじめて、③「この生死は仏の御いのちなり」と宣言することができるのです。以下は、道元禅師がお書きになった、生死についての、まことに美しい文章です。

　この生死はすなはち仏の御いのちなり。これをいとひすてんとすれば、すなはち仏の御いのちをうしなはんとするなり。これにとどまりて生死に著《ぢゃく》すれば、これも仏のいのちをうしなふなり、仏のありさまをとゞむるなり。いとふことなく、したふことなき、このときはじめて仏のこゝろにいる。たゞし、心をもてはかることなかれ、ことばをもていふことなかれ。たゞわが身をも心をもはなちわすれて、仏のいへになげいれて、仏のかたよりおこなはれて、これにしたがひもてゆくとき、ちからをもいれず、こころをもつひやさずして、生死をはなれ、仏となる。たれの人か、こゝろにとゞこほるべき。

仏となるに、いとやすきみちあり。もろもろの悪をつくらず、生死に著《ぢやく》するこゝろなく、一切衆生のために、あはれみふかくして、上《かみ》をうやまひ下《しも》をあはれみ、よろづをいとふこゝろなく、ねがふ心なくて、心におもふことなく、うれふることなき、これを仏となづく。又ほかにたづぬることなかれ。（「生死」Ⅳ467～469）

子どもたちが簡単に親きょうだいや祖父祖母などの近親者の命を奪い取ったり、あるいはまたインターネットで見知らぬ者同士が殺人同盟を結んだりして簡単に無垢の女性たちを殺害する事件があるかと思うと、自ら命を絶つという自殺者も増えています。時には大臣を務めていた人や会社の要職にあった人などが自殺されたこともあります。このように、日本経済の不振や会社の経営難、人生の行き詰まりや学校におけるいじめなどに耐えられず自殺に追い込まれている人びとが年々増加しています。それだけではなく、だいぶ前にはオウム真理教のサリンによる無垢の人の毒殺、あるいはO157、最近では新型インフルエンザなどをはじめとした病原菌の蔓延《まんえん》などによって社会不安が増大し、大変生きにくい世の中となっています。

人間が人間の命を奪う場合には、他殺と自殺の二種類が存在しますが、最近は他殺すなわちいわゆる人殺しがあまりにも残忍でむごいものとなっています。ある時は、高校生の息子が母親の首を切り取って警察に自首していましたが、このような殺人事件は悲しいのを通り越して、あまりにも凄惨《せいさん》です。おぞましいことです。

しかし、親から命をいただき、社会において人間との出会いや切磋琢磨、自然の恩恵などによって私たちの各自銘々はこれまで生きてこられたわけです。このように、生死は私一人の命ではなく、すでに参照いたしましたように、「この生死はすなはち仏の御いのちなり。これをいとひすてんとすれば、すなはち仏の御いのちをうしなはんとするなり」(「生死」Ⅳ467〜468)ということになるのです。

私たちは、ややもすると、自分の人生は自分だけのものだと思いがちです。だからこそ、自殺することによって目前の苦しみから逃れようとするわけです。けれども、私たちは無限の命としての仏に生かされているのです。この仏とは、具体的には、人、物、自然など私たちを取り巻く世界のすべてです。その歯車のどれ一つが狂っても私たちは生きられません。私たちは誰も皆この人生をかけがえのない尊いものとしなければなりません。まさしく、「生死の中に仏あれば生死なし、但生死即ち涅槃と心得て、生死として厭うべきもなく、涅槃として欣うべきもなし、是時初めて生死を離るる分あり」（『修証義』第一節、「生死」Ⅳ466〜467）です。私たちは、自らの人生をただ苦しみの源として、自殺して逃げても仕方ないのです。むしろ、この生死の中でいろいろ工夫して、苦しいけれどもこれに敢然と立ち向かうとき、はじめて生きる喜び、すなわち「生死即涅槃」も体験されるのです。このようにしてのみ、生死の繋縛を離れて涅槃の喜びにひたれるのです。

このような態度で生死の問題に真正面から立ち向かうことが、すなわち、「唯一大事因縁と究尽すべし」（「法華転法華」Ⅳ437）ということなのです。このように、「生死即涅槃」の境地にある者は、いわゆる全体の二分の一的な生死の繋縛から解放されているのです。しかも、そのとき忘れてはならないことは、この「生死」の問題、すなわち、「生をあきらめ、死をあきらめる」ことを、自らの人生問題を解決する最も重要な因縁として把握し対処し工夫することです。

たとえば、デンマークの実存哲学者、キルケゴールによると、神の前に出て神と出会いうる者は、真の自己に目覚めようとしている者であるが、神の前から身を隠して自己に目覚めることを拒む者すなわち、神を拒む者は、「絶望」すなわち「死に至る病（Krankheit zum Tode)」「死に至る不治の病」に侵されているのであり、これこそまさに「罪」に他なりません。これに対して、信仰を持つ者、神を信ずる者としての、真のキリスト者は、死に至ることはないのです。したがって、イエスは、ラザロの身体的病気に関して、「この病は死にいたらず」（ヨハネ福音書11-4）と述べています。このように、真の意味で「死に至る病」は、体の病気ではなくて、神と共に生きることを知らないこととしての「心の病気」です。『新約聖書』「ヨハネ福音書」に登場する人物であるラザロは、一度病死しましたが、イエスが蘇生させたとされています。これを仏教的にいえば、「生死すなわち涅槃と心得て」、「生死の中に仏あれば生死なし」という生死としての永遠の命を生きたのがまさにラザロであるということになります。

ところで、マルティン・ハイデガーというドイツ最後の独創的哲学者はその代表的著作『存在と時間』の中で、人間的現存在を「死への存在、死に対する存在（Sein zum Tode)」と定義し、死を直視せずに、死から逃避しようとするあり方を「世人（das Man)」のあり方、すなわち、「非本来的自己存在（自己にふさわしくない自己存在)」と呼び、これとは逆に、己の存在を「死への存在、終わりへの存在」として直視し敢然と引き受け、現存在の終わりとしての、将来の死に向かって「先駆的覚悟性（死に先駆けて死に対する覚悟ができていること)」を持つあり方を「本来的な自己存在（自己にふさわしい自己存在)」と呼んでいます。ここでは「存在」のかわりに、「生」という言葉を置き換えればそのままで仏教における生死の問題として応用できるでしょう。死に目をつぶり、生しか見ない人生は不十分です。生の内に死を含み、死の中に生を含むような生死を洞察しなければなりません。死からも生からも逃避せずに敢然と立ち向かい、歩み抜いて行かねばなりません。

このことは、生死のうちに涅槃を見出さないで、いたずらに、生死の外に涅槃を見出そうとしてもそこには本当の涅槃はない、という仏教的な考えに対応します。大事なのは、決して身体的死としての涅槃に逃避することではなくて、各々の生死の瞬間に涅槃を見出すこと、つまり、生死そのものに涅槃があると心得ることによって、苦しみだけの生死として忌み嫌うのでもなく、あるいは逆に楽しみだけの涅槃として願い求めるのでもなく、かたよらない態度で生死の問題に立ち向かう時、生死の苦しみ・拘束・繫縛から解放されるのです。たとえば、この辺の有様は、禅仏教では、「生也全機現・死也全機現（生も全力投球・死も全力投球）」、「生死去来真実人体（生死去来のすべてがそのまま真実の自己の働きであること）」、「生きながら死人となりてなりはてて思いのままにするわざぞよき」（至道無難禅師）などといわれています。

第二節　最善最勝の生き方――総序2

人身得《にんしんう》ること難《かた》し、仏法値《ぶっぽうお》うこと希《ま》れなり、今我等宿善《いまわれらしゅくぜん》の助《たす》くるに依《よ》りて、已《すで》に受《う》け難《がた》き人身《にんしん》を受《う》けたるのみに非《あら》ず、遇《あ》い難《がた》き仏法《ぶっぽう》に値《あ》い奉《たてまつ》れり、生死《しょうじ》の中《なか》の善《ぜん》生《しょう》、最勝《さいしょう》の生《しょう》なるべし、最勝《さいしょう》の善身《ぜんしん》を徒《いたず》らにして露命《ろめい》を無常《むじょう》の風《かぜ》に任《まか》すること勿《なか》れ。

まず、「人身得《にんしんう》ること難《かた》し」（「帰依仏法僧宝」Ⅳ264）ということについて考えてみましょう。たしかに、私たちがこの世に生を受けて生まれてくることほど難しいことはありません。無限の数の偶然が重なり合って今日ここに私たちのこの肉体と精神が実現されたのです。子どもが生まれるにはまずさしあたり父と母が必要です。今頃はクローン人間を作る技術があるといいます。しかしクローン人間に関しては今のところどういう親子関係が成立するのか、見当もつきません。ともあれ、とにかくこの父とこの母が出会ってはじめて一人の子どもが生まれてくるのがこれまでの親子関係です。しかしながら、父と母だけでは子どもは生まれてきません。子どもが生まれるためには、さらにまた子どもが成長していくためには、空気も水も温度も熱も必要不可欠です。このように天地自然の恵みがなければ人はこの世に生まれてこないのです。

さらにまた、子どもにとって親は必然ですが、親にとってはあるいは子どもは選べたかもわかりません。結婚する相手を選ぶのは自由ですから、親がどういうカップルになるかによってまったく違った子どもが出現します。にもかかわらず、子どもには、親は必然以外の何ものでもありません。偶然の親から必然の子どもが生まれるのです。子どもは親を選べません。生まれた時には親は決まっています。そのように考えると、まさしく「人身得ること難し」です。

人間に生まれてくるのがこのように困難なことであるのに、そのうえ仏法に出会うということは難値難遇《なんちなんぐう》の出来事です。「難値難遇」とは、容易には出会えないことですが、一般に良師や善友にはなかなか出会うことはできませんが、ことに仏法に会うことはいっそう難しいことを意味します。まさに「仏法値《ぶっぽうお》うこと希《まれ》なり」（「帰依仏法僧宝」Ⅳ264）です。世間の人びとは仏法など滅多に出会えません。ラジオ体操をする人の数に比べれば、坐禅する人ははるかに少ないのです。ラジオ体操は健康をもたらすはずのものですが、宗教的な修行法ではありません。坐禅をすることは、生き方の問題、人生態度の問題に関わるのであって、たんなる健康法ではないのです。

ちなみに、お葬式の一番最初に「流転三界中、恩愛不能断、棄恩入無為、真実報恩者」と称えます。すなわち、欲望的生命の世界（欲界）、無意識的物質的世界（色界）、意識的精神的世界（無色界）という三つの世界に転々としている限りは、恩愛を断ち切ることはできないけれども、ひとたび出家して真実の道、仏道修行に邁進しようと思うならば、さまざまな恩愛、父母の恩、先生の恩、友人の恩などことごとく断ち切り捨て去らねばなりません。そういう娑婆世界のしがらみの一切から解放されることが、本当の報恩の人です。

仏道修行は人間ごとではないのです。世俗的人間をたちどころに止《や》めることです。人間でありながら、仏様の修行をするのだから、ただごとではないのです。易しいけれども難しい。一切の世間的営みを「打ち方止め」することです。その「打ち方止め」を身をもって具体的に示す姿が坐禅です。坐禅しようと思えば簡単にできるけれども、この坐禅に出会う人は少ないのです。坐禅について見たり聴いたりしてはいても、身をもってやらないかぎりは坐禅になりません。すなわち、「仏法遇い難し」です。

しかしながら、今このように坐禅する人は、この遇い難き仏法にすでに出会っているのです。「今我等宿善《いまわれらしゆくぜん》の助《たす》くるに依《よ》りて（「帰依仏法僧宝」Ⅳ282）、已《すで》に受《う》け難《がた》き人身《にんしん》を受《う》けたるのみに非《あら》ず、遇《あ》い難《がた》き仏法《ぶっぽう》に値《あ》い奉《たてまつ》れり（「出家功徳」Ⅳ100）」ということです。世の多くの人びとが坐禅をしていないということは、いまのところまだ「宿善」すなわち積もり積もった善の働きが熟していないので、坐禅するには到っていないのです。「宿善」とは、過去世（宿世）の善い行為（善業）であり、現世・今世の良い結果（楽報）の原因となるものです。『正法眼蔵』では「いまわれら宿善のたすくるによりて、如来の遺法《ゆいほふ》にあふたてまつり、昼夜に三宝の宝号をきゝたてまつること、時とともにして不退なり」（「帰依仏法僧宝」Ⅳ282）と書かれています。

だからこそ、同じ人間に生まれて、仏法に出会うチャンスを得て、その上坐禅ができる人生に巡り会えたということは、「生死《しょうじ》の中《なか》の善生《ぜんしょう》、最勝《さいしょう》の生《しょう》なるべし」（「袈裟功徳」Ⅳ118）です。すなわち、これは、ただたんに動物的な生命を送っている人生とはまったく異なった、生死の中の善なる生きかたであり、最も勝れた生きかたです。仏法に出会うことができるということが、こんなにも勝れた善なることであると知ったならば、もはや人生を一刻も無駄にはできません。

このようにして、この第二節の締め括りの言葉は、「最勝《さいしょう》の善身《ぜんしん》を徒《いたず》らにして露命《ろめい》を無《む》常《じょう》の風《かぜ》に任《まか》すること勿《なか》れ」（「出家功徳」Ⅳ69）となっています。人間の心は本来は清浄無垢であり、誰でも仏性を具えているのですから、言い換えると最勝の善身の持ち主としての人間が、自らをいたずらに欲望欲求の奴隷に仕立てて、尊い自己を実現することができる坐禅をしないというのはもったいないことなのです。世の中、面白いことばかりではないけれども、事件として第三者として出来事の推移を見ていると、悲喜こもごもあるので、退屈はしない。しかしながら、そのような表面的な出来事、自己の修行には関係のない事ばかりにうつつを抜かしていると、最も大事なことを見失います。まさしく、「最勝の善身を徒らにして露命を無常の風に任すること勿れ」ということを肝に銘じておかねばなりません。

第三節　無常の風と命のはかなさ――――総序3

無常《むじょう》憑《たの》み難《がた》し、知《し》らず露命《ろめい》いかなる道《みち》の草《くさ》にか落《お》ちん、身《み》已《すで》に私《わたくし》に非《あら》ず、命《いのち》は光《こう》陰《いん》に移《うつ》されて暫《しばら》くも停《とど》め難《がた》し、紅顔《こうがん》いずくへか去《さ》りにし、尋《たず》ねんとするに蹤跡《しょうせき》なし、熟観《つらつらかん》ずる所《ところ》に往事《おうじ》の再《ふたた》び逢《お》うべからざる多《おお》し、無常《むじょう》忽《たちま》ちに到《いた》るときは国王《こくおう》大臣親暱従僕妻子珍宝《だいじんしんじつじゅうぼくさいしちんほう》たすくる無《な》し、唯独《ただひと》り黄泉《こうせん》に趣《おもむ》くのみなり、己《おの》れに随《したが》い行《ゆ》くは只是《ただこ》れ善悪業等《ぜんあくごうとう》のみなり。

「無常憑《むじょうたの》み難《がた》し」（『重雲堂式』旧Ⅰ96）。「諸行無常《しょぎょうむじょう》（s: sarvasaṃskārā-anityāḥ）」ということは、「諸法無我《しょほうむが》」「涅槃寂静《ねはんじゃくじょう》」とともに、仏教の三大根本原理（三法印《さんぼういん》）、あるいは、これらに「一切皆苦《いっさいかいく》」を加えて四大根本原理（四法印《しほういん》）を形成するものです。諸行とは、すべての作られたもの・為されたもの、あらゆる現象・存在です。したがって、「諸行無常」とは、すべてのものは一瞬も留まらずに過ぎ去りゆくこと、つまりは永遠不滅なものは何一つないことを言い表しています。

ちなみに、『平家物語』の冒頭は、「祇《ぎ》園精舎《おんしょうじゃ》の鐘の声、諸行無常の響《ひびき》あり。沙羅双樹《しゃらそうじゅ》の花の色、盛者必衰《じょうしゃひっすい》の理《ことわり》をあらはす。おごれる人も久しからず、ただ春の夜の夢のごとし。猛《たけ》き人《ひと》も遂にはほろびぬ、偏《ひとえ》に風の前の塵《ちり》に同じ」（巻第一「祇園精舎」[14]）となっています。ここでもまた、一昔前まで古今に冠絶する栄誉栄華をほこった平家一門の繁栄もまるで春の夜の一場の夢の如く、もろくはかない「露の命」[15]の如く、またたく間に一門が衰滅して行ったことが語られています。

以上見てきたように、無常の摂理は、世界の根本事実として厳然と存在し、森羅万象を取りしきっているのです。それゆえ、富者であろうと貧者であろうと、王族であろうと臣民であろうと、何人も無常の事実から脱却し、無常の外に遁《のが》れることはできないのです。それどころか、無常の風は、人間や生物（有情・衆生）に向かって吹いているだけではなくて、無機物・無生物（無情・非情）の世界にも音もなく近づいているのです。

あまねく知られているように、「雪山偈《せっせんげ》」もまた無常を言い表したものです。それは、

「諸行無常《しょぎょうむじょう》・是生滅法《ぜしょうめつぽう》・生滅滅已《しょうめつめつい》・寂滅為楽《じゃくめついらく》」（作られたものはすべて無常である。生じては滅していくことを本性とする。生ずるものもなくなり滅するものさえもなくなり、静まっていることが安らぎである）の四句から構成されております。

なお、諸行無常の偈としての雪山偈は、『涅槃経』の説くところに由来するものです。すなわち、『涅槃経』巻一四によれば、釈尊は前世に雪山または大雪山（ヒマラヤ大山脈）で修行されていたので、前世の名前は、雪山童子とよばれるのですが、帝釈天《たいしゃくてん》（インドラ神、ヴェーダ聖典では英雄神、仏教では護法の善神）が童子の道心を試すために羅刹《らせつ》（食人鬼）に変身し、羅刹が雪山偈の前半の二句を唱えると、童子は後半の二句が聴きたくて、空腹の羅刹に我が身を投ずる約束をして、羅刹から聴き伝えたとされる全体四行の詩句が、いわゆる「雪山偈《せっせんげ》」です。

ちなみに、日本の「伊呂波歌」は、この「雪山偈」の和訳とされています。「色《いろ》は匂《にほ》へど　散《ち》りぬるを　わがよ誰《たれ》ぞ　常《つね》ならむ　有為《うゐ》の奥山《おくやま》　今日《けふ》越《こ》えて　浅《あさ》き夢見《ゆめみ》じ　酔《ゑ》ひもせず（ん）[16]」。簡単に和訳すれば、「色《いろ》は匂《にほ》へど　散《ち》りぬるを」とは、「すばらしい匂いと芳香を放ちつつ、色美しく咲き誇っている花も、いずれはしぼんで散ってしまう」のであり、これが「諸行無常」です。「わがよ誰《たれ》ぞ　常《つね》ならむ」とは、「この世に生きる私たちの命もまた永遠不滅のものでは決してありえないことで、いつまでも生き続けられるものではない」ということであり、これが「是生滅法《ぜしょうめっぽう》」です。「有為《うゐ》の奥山《おくやま》　今日越《けふこ》えて」とは、「この無常の、有為転変の迷いの奥山を今日乗り越えて」ということであり、これが「生滅滅已《しょうめつめつい》」ということです。「浅《あさ》き夢見《ゆめみ》じ　酔《ゑ》ひもせず（ん）」とは、「般若の智慧を磨くことによって、空を悟り、悟りの世界に到達すれば、もはや儚《はかな》い束の間の夢を見ることなく、現象の仮相の世界に麻痺し酔いしれることもない安らかな心境である」ということであり、これが「寂滅為楽《じゃくめついらく》」です。すなわち、あらゆる煩悩を克服した状態としての寂滅の境地こそが最も安楽な心境となれるということです。

ところで、『修証義』の本文、「知《し》らず露命《ろめい》いかなる道《みち》の草《くさ》にか落《お》ちん」（「重雲堂式」旧Ｉ96）の一節にあっては、人間の命は露の命のようにはかないものと形容されるのです。たとえば、道元禅師は『傘松道詠』の中で「無常」と題して、次のような二首の歌を詠まれています。すなわち、①「朝日《あさひ》待《まつ》　草葉《くさは》の露の　ほどなきに　いそぎな立ちそ　野辺の秋風」、②「世の中は　何《いか》にたとへん　水鳥の　はしふる露に　宿る月影」と。

第一の歌に従えば、朝日に照り輝いている、草の葉の上の露の命も極めて短いものなのに、その露が陽光に温められ乾燥して水蒸気となって消えて行く束の間の時間さえ待つこともなく、つまり、露も乾かぬ間に、野辺にはすでに冷ややかで物さびしい一陣の秋風――無常の風――が吹き抜けてしまった。それほど、無常の風は迅速にかつ不気味にしのびよって来るものなのである、と。

第二の歌に従えば、人の世や人間の命というものは、はなはだ依るべなく、もろくはかないもので、この浮世をたとえていうならば、次のようになろう。まさしく、水鳥のくちばしの先についた水滴のいのちの短さ、もろさもさることながら、それどころか、この水滴中に映った月影のように、夢幻泡影の如き存在にすぎないものが、まさしく浮世なのである、と。

「身《み》已《すで》に私《わたくし》に非《あら》ず、命《いのち》は光陰《こういん》に移《うつ》されて暫《しばら》くも停《とど》め難《がた》し」(「恁麼」Ｉ403)。

この身が存在し生きながらえていることは、先祖のおかげ、親のおかげ、先生のおかげ、友人知人のおかげ、お医者様のおかげ、薬のおかげ、おいしい食べ物・飲み物のおかげ、いろいろな天地自然の恵みなどなど数限りない要素に助けられてはじめて可能なことです。だからこそ、「身已に私に非ず、命は光陰に移されて暫くも停め難し」となるのです。

私は私であってもはや私自身のものではなく、天地自然の賜物《たまもの》であり、命もまた悠久の天地自然の命と一体化して生かされているのです。光陰とは何でしょうか。日すなわち太陽を光といい、月を陰というのです。したがって、光陰とは月日、歳月、時間などを意味するのです。

「紅顔《こうがん》いずくへか去《さ》りにし、尋《たず》ねんとするに蹤跡《しょうせき》なし、熟《つらつら》観《かん》ずる所《ところ》に往事《おうじ》の再《ふたた》び逢《お》うべからざる多《おお》し」（「恁麼」Ⅰ403）。

紅顔の美少年といわれる人びとも六十年七十年と光陰を重ねると、白髪になったり、はげてきたりする、挙げ句の果てはあちこちに体の故障が出てくるのです。今は昔の夢物語です。美少年も美人もどこを探してもその跡形さえわからなくなってくるのです。昔のことを再現したいと思ってももはやすでに後の祭りです。まして、飲酒運転や通り魔や、あるいはサリンによって命を失った子どもさんを持つ親御さんの悲しみはいかばかりでありましょう。まことに、「紅顔いずくへか去りにし、尋ねんとするに蹤跡なし、熟《つらつら》観ずる所に往事の再び逢うべからざる多し」ということです。ところで、浄土真宗中興の祖たる蓮《れん》如《によ》上人（一四一五～九九）の御文章（御文）には「朝《あした》には紅顔ありて夕べには白骨となれる身」とありますが、これは、人の生死の予知しがたいことを物語っているものです。それほど、無常の風はいつ吹いてくるかもわからないのです。

「無常忽《むじょうたちま》ちに到《いた》るときは国王大臣親暱従僕妻子珍宝《こくおうだいじんしんじつじゅうぼくさいしちんほう》たすくる無《な》し、唯独《ただひと》り黄泉《こうせん》に趣《おもむ》くのみなり、己《おの》れに随《したが》い行《ゆ》くは只是《ただこ》れ善悪業等《ぜんあくごうとう》のみなり」（「出家功徳」Ⅳ100）。

ここの文章は、無常はことさら生死の問題と関わっていることを示しているのです。そして、この一面が徹底されたとき、無常とは、端的に、「死」を意味します。仏教的熟語としての「無常の殺鬼（＝死神）」や「無常の虎・狼」、あるいは「無常の敵」「無常の風」

などのたとえがそれを物語っています。たとえば『平家物語』第六巻平清盛死去（入道逝去）の一節には「命にかはり身にかはらんと、忠を存ぜし数万の軍旅は、堂上堂下に次居《なみい》たれども、是は目にもみえず、力にもかかはらぬ無常の殺鬼をば、暫時もたたかひかへさず」[17]とあります。すなわち、いざという時には、清盛入道相国のおんためには身命を賭して仕え、自らの身命に取り換えても入道の身を守らんと忠誠を誓っていた数万の兵たちが、御殿の上にも下にも居並んでいたが、目で見ることもできず、力をもってもいかんともしがたい、死という無常の殺鬼ばかりは、ほんのわずかの間ですらも戦ってこれを斥けることもできなかったのである。なぜなら、無常の風は、音もなく匂いもなく静かに吹いて、知らぬ間に近づいているからである、と。したがって、ここでは、無常はすなわち死を意味する概念として用いられているのです。

人間の命は不思議なもので、受精して胎児となる以前にあっては、いまだ一個体としては存立しえず、その諸要素・諸要因はこの大宇宙に遍満していたのに、胎児となった途端に一個の寄生的個体となり、生誕の瞬間以後にあっては、完全な一個体として活動を開始するのですが、死のおとずれと共に、独立の個体性を喪失し、再び四大（地・水・火・風）あるいは五大元素（地・水・火・風・空）となって宇宙の内へと四散して行くのです。死に臨んでは、人間は、財産も友人も妻子も家宝も持たずに、生まれてきたと同じように裸一貫で、ただひとりで黄泉《よみ》に旅立たねばならないのです。

しかも、自分のなした行為の結果だけは後世にいろいろな影響を与えるのです。あの人は良い人であったとか、悪い人であったとか、因果の連鎖は残留するのです。すなわち、因果応報です。これを業の報い（「業報《ごっぽう》」）というのです。

ところで、インドの仏教者（般若経典の作者）たちは、「空《くう》」をたとえるのに、しばしば「虚空」と「夢幻」をもってしたのですが、「無常」もまた、しばしば「夢幻泡影」にたとえられています。そうすると、一切が無自性（諸法無我）で、永遠の実体性（変化も消滅もしない性質）などなくて、一切は相互依存的な相対的因果性（縁起）によって成り立つので、一切皆空であるという「空」の原理の時間的側面と深く関わっているのが、諸行無常という無常の原理なのです。時間の中では、一切は流れ去り、変化し消滅します。「諸行無常（s: sarvasaṃskārānityāḥ）」の「行（saṃskārā）」とは「作られたもの」、つまり、「有為法」、人為的に作られたもの、有限なものを意味するのです。有限な有るもの、生成したものは、いつかは必ず無となり、消滅するのだから、一切の有限なものは無常です。

第四節　因果応報と善悪の問題

今《いま》の世《よ》に因果《いんが》を知《し》らず業報《ごつぽう》を明《あき》らめず、三世《さんぜ》を知《し》らず、善悪《ぜんあく》を弁《わき》まえざる邪見《じやけん》の党侶《ともがら》には群《ぐん》すべからず、大凡因果《おおよそいんが》の道理《どうり》歴然《れきねん》として私《わたくし》なし、造悪《ぞうあく》の者《もの》は堕《お》ち修善《しゆぜん》の者《もの》は陞《のぼ》る、毫釐《ごうり》も忒《たが》わざるなり、若《も》し因果《いんが》亡《ぼう》じて虚《むな》しからんが如《ごと》きは、諸仏《しよぶつ》の出世《しゆつせ》あるべからず、祖師《そし》の西来《せいらい》あるべからず。

「今《いま》の世《よ》に因果《いんが》を知《し》らず業報《ごつぽう》を明《あき》らめず、三世《さんぜ》を知《し》らず、善悪《ぜんあく》を弁《わきま》えざる邪見《じやけん》の党侶《ともがら》には群《ぐん》すべからず」（「三時業」Ⅳ301）。

因果とは、原因と結果ということで、私たち人間が物事の関係を説明するために用いる第一の基本的概念は、因果すなわち原因と結果の関係の概念です。業（s: karman, p: kamma）は、「ギョウ」と発音される場合には、仕事、事業、業績、業務などの意味で用いられていますが、仏教用語として用いられる場合には「ゴウ」と発音され、そのサンスクリット原語としては「なすこと（もの）」「なす力」など、さらには、「作用・行為・祭祀」などを意味します。ちなみに、「為されたこと、行為・所行」を意味するラテン語の「フアクトゥム（factum）」は、まさにサンスクリットの「カルマン（karman）」に対応している言葉です。したがって、「業報」とは、行為によってもたらされた結果としての報いのことです。

特に業の概念が輪廻説と結びつけられると、輪廻転生を可能にする一種の力として、前々から働く潜在的な「行為の余力」を積極的に意味するようになりました。けれども、無我説に依拠する仏教では、業を過去の出来事のように、動かし難い固定的な輪廻の主体とみなすような、永続する個体（自我）の存在は許されないので、精進努力して現状を打破していく自発的行為としての業思想がむしろ強調されました。このために、業を巡る種々の見解が、無我説との関係において考察され、教理上も仏教思想の中心的概念の一つと目されるようになったのです。これに伴《とも》ない、業に関する分類や評価も複雑多岐になりましたが、その当否はともかくとして、業の考えはアジア仏教圏に最も広く深く浸透した代表的な仏教思想といえるでしょう。

大事なことは、業の思想とは、善い行為には善い結果が伴われ、悪い行為には悪い結果が伴われるという因果応報の摂理（善因善果、悪因悪果）を素直に信じて、現在の各瞬間においてできるだけ善い行為を営むように配慮することです。したがって、業の考えを、過去の行為によって現在ががんじがらめになっているというふうに受動的に理解するのではなくて、業のような行為の因果論的連鎖があるという考え方を積極的に転回して、あくまで自分の未来をより善きものにするためにこそ、現在の各瞬間においてできるだけ善い行為を行うべきであるというふうに、業の思想をより善き行為の推進剤として採用すべきであるということです。したがって、いわゆる業思想を「一般的業論」、現在の各瞬間から新たな未来を切り開くという業の積極的転回を「自覚的業論」というふうに区別して論ずることもできるでしょう(18)。

「三世《さんぜ》を知《し》らず、善悪《ぜんあく》を弁《わきま》えざる邪見《じやけん》」とは、どういうことでしょうか。三世とは過去現在未来の三つの時間概念です。過去の行為が原因となって、現在の行為が結果し、現在の行為が原因となって未来の行為が結果するというふうに、過去現在未来を因果応報の連鎖として捉えることは、現在の各瞬間においてできるだけより善き行為を実現するために不可欠であるという発想であり、この発想は、道徳的向上心を養うためには大いに役立つものです。是非善悪がわからない人は、因果を無視する人でもあり、そういう人には道徳的向上心が芽生えてこないでしょう。このように、過去現在未来の行為の因果を理解せず、是非善悪の規準のわからない人とあまり深い交わりを結ばない方がたしかに安全です。

「大凡因縁《おおよそいんが》の道理《どうり》歴然《れきねん》として私《わたくし》なし、造悪《ぞうあく》の者《もの》は堕《お》ち修善《しゆぜん》の者《もの》は陞《のぼ》る、毫釐《ごうり》も忒《たが》わざるなり」(「深信因果」Ⅳ297)。

このように、悪因悪果善因善果という因果の筋道は、公明正大であり、私的趣向によって影響されないという堅固な信心が必要です。ときには、悪いことをしても罰せられないでのうのうとしている者がいるけれども、それは例外であって、大抵は、悪行を積み重ねた者はいつか必ず悪しき結果を招くのであります。たとえ現世において悪い結果を伴わないとしても、来世においてもしくは来来世において報いが生じてくるのです。だから、悪いことをした者は地獄に堕ち、良いことをした者は天国（理想的な世界、地獄の対《つい》概念）に生ずることになっているのです。このように、魂と人格の世界においては、諸仏が鎮座して、ますます善が招来され、悪は駆逐されねばなりません。人間の世界の倫理は勧善懲悪でなければなりません。いわゆる「諸悪莫作・衆善奉行」です。

ちなみに、仏教には、七仏通戒偈《しちぶつつうかいげ》というものがあります。これは、過去七仏（仏の真理が過去六仏から釈迦牟尼仏まで代々受け継がれてきたとする考え）が共通して保ったとされる偈で、仏教思想を一偈に要約したものとみなされます。通戒は略戒ともいわれ、一々の戒を制定せずに、一偈をもって共通の禁戒としたもので、偈文は不同ですが、通例は漢訳で「諸悪莫作《しよあくまくさ》・衆善奉行《しゆぜんぶぎよう》・自浄其《じじようご》意《い》・是諸仏教《ぜしよぶつきよう》」（『法句経』183）が用いられ、仏教の要旨はこの四句に尽きるとされます。この偈は、「もろもろの悪をなさず、すべての善を行い、自らの心を清めよ。これが諸仏の教えである」という意味です。

「若《も》し因果《いんが》亡《ぼう》じて虚《むな》しからんが如《ごと》きは、諸仏《しょぶつ》の出世《しゅっせ》あるべからず、祖師《そし》の西来《せいらい》あるべからず」（「深信因果」Ⅳ297）。

すなわち、因果応報の真理が嘘であるならば、この世に仏は出現されず、達磨大師もインドから中国に渡って来られなかったでしょう。実際に、この世の中では、できるかぎり諸々の悪は為されず、諸々の善が行われるようにならなければなりません。逆に、世の中で悪が蔓延し、善が為されなくなったならば、この世には秩序も正義も善もなくなり、混乱と無秩序のみが蔓延し、道徳も倫理も行われず、一寸《いっすん》先は闇黒の夜という状態になるしかないでしょう。正義の世界においては、良いことをした人が報われ、悪いことをした人が損をする世界でなければなりません。正義が公平に分配されることが、社会が安定し、心身共に落ち着きある生活が可能になる源です。社会安定の基本は、可能な限り悪を防ぎ、あらゆる機会を捉えて善を促進することです。

第五節　三時（現世・来世・来来世）と行為の帰結――総序5

善悪《ぜんあく》の報《ほう》に三時《さんじ》あり、一者順　現報受《ひとつにはじゅんげんほうじゅ》、二者順次生　受《ふたつにはじゅんじしょうじゅ》、三者順後次受《みつにはじゅんごじじゅ》、これを三《さん》時《じ》という、仏祖《ぶっそ》の道《どう》を修習《しゅじゅう》するには、其最初《そのさいしょ》より斯三時《このさんじ》の業報《ごっぽう》の理《り》を効《なら》い験《あき》らむ

るなり、爾《しか》あらざれば多《おお》く錯《あやま》りて邪見《じゃけん》に堕《お》つるなり、但邪見《ただじゃけん》に堕《お》つるのみに非《あら》ず、
悪道《あくどう》に堕《お》ちて長時《ちょうじ》の苦《く》を受《う》く。

この一節は、『正法眼蔵』「三時業」の冒頭近くに、「三時業」の一般的説明と仏道修行における重要性を語る箇所に出現する言葉です。
「善悪《ぜんあく》の報《ほう》に三時《さんじ》あり、一者順《ひとつにはじゅん》 現報受《げんほうじゅ》、二者順次生《ふたつにはじゅんじしょう》 受《じゅ》、三者順後次《みつにはじゅんごじ》受《じゅ》、これを三時《さんじ》という」（「三時業」Ⅳ301）。

善なる行為に対しては善なる果報が生じ、悪なる行為に対しては悪なる果報が生ずるのでなければなりません。少なくとも、善因善果、悪因悪果というのが、因果の必然的論理です。一生懸命善いことをしようとする人には良い結果が招来されますよという希望と期待があればこそ、人は善い行為をなそうと精進努力するのであり、悪い行為をする人には悪い結果しか生まれないという心配や恐れがあればこそ、できるだけ悪い行為を避けて善い行為をなそうと精進努力するのです。人間の世界にこのような、道徳的倫理的因果論が信仰・信頼・信用されないときには無秩序と混乱が生ずるのみでしょう。それでは社会の平安は保たれません。

いまでも、水戸黄門のTV番組が日本では長寿番組として続けて放送されているのは、

ひとえに、私たち日本人がやはりなお勧善懲悪という素直な倫理観・道徳観を抱き続けているということの証拠です。そのかぎりにおいて、現代社会は今や危ない状態ではありますが、まだ捨てたものではないといえましょう。

ところで、ここでいわれているように、仏教には「三時業」という考えがあって、行為の因果関係を、一世代だけでは考えずに、三世代という長いスパンで考えています。すなわち、現在の行為の結果は、現世、来世、来来世に起こるとインド人は考えたのであり、その結果が、現在において起こる場合には「順現報受」と呼ばれ、来世において起こる場合には「順次生受」と呼ばれ、来来世において起こる場合には「順後次受」と呼ばれるのです。

「三時業」の巻（Ⅳ299〜329）の冒頭には、第一九代の仏祖「鳩摩羅多《くもらた》尊者」とその弟子「闍夜多《じややた》」との問答が載っています（『景徳伝燈録』二「鳩摩羅多」章）。「我が家の父母は仏法僧の三宝を信仰しているのに、昔から病気になったりして、すべてがうまくいきません。これに対して、隣の人は、インドのカースト制では最下位の種姓である栴陀羅《せんだら》の仕事と生業をしているのに、身体堅固でやることがすべて意に叶っているのです。どうして隣の家の者は幸福で、私の家は不幸なのでしょうか」と闍夜多は、鳩摩羅多尊者に尋ねました。すなわこの問いに対して、鳩摩羅多尊者は、次のようにおっしゃりながら諭《さと》されました。すなわち、「あなたは因果の道理をどうして疑うのですか。善悪の報いには三時業というものがあり、人びとはさしあたり目先の事実的現象のみを垣間見《かいまみ》て、仁徳のあるものは早死にし、粗暴なものは長生きし、義に背く者が幸福で、義理堅い者が不幸であるとのみ考えて、因果の道理を忘れて、罪悪も禍福も何もないのだと思いがちです。因果の道理は三時業という言葉もあるように、長い目で見なければなりません。すなわち、一般の人びとは知らないことですが、因果の道理は何千年何万年経っても消えて無くなることはありません。あなたの家の人が、現世ではたとえ不幸であっても来世において幸福になれることもあるのです」と。

さもありなんであります。だから、たとえ現世で幸福であっても来世で不幸になるかもわからず、来世でまだ幸福であっても、来来世で不幸になることもありうるのです。とにかく、行為が互いに影響し合うように、また遺伝子が限りなく継承されるように、因果応報の原理も無限に続くのです。

因果関係は多種多様です。一つの行為の結果がたちどころに現れる場合もありますし、なかなか現れない場合もあります。そして、行為は出来事として必ず常に因果関係を持っています。だから、ある一つの行為が行われると、その結果は水面の波紋のように次から次へと拡散し広がって行くはずです。だから、現世しかなくて、来世も来来世もないと単純に考えてはなりません。どんな行為が、どんな人びとに影響を与えるかわからないほど、行為の因果関係は次々と結果を引き起こしていくのです。

一例を挙げて考えてみましょう。なぜ幕末に長州藩の若い人びとが倒幕運動を起こしたのか。なぜ高杉晋作が幕末（一八六四年十二月十五日）に功山寺で五卿を担《かつ》いで立ち上がったか。因果論的には、毛利家家臣団は、徳川幕府に煮え湯を呑まされて、中国地方一円の大大名家臣団から長州だけの小藩家臣団におとしめられた怨念《おんねん》が業縁となって、幕末明治に業の結果が現れたのです。これは、たしかに順現報受ではないけれども、あるいは順次生受かも、あるは順後次受かもしれないのです。業というものはあるのでしょうかと問う人がいるけれども、そんなものはないとはいえないのです。なぜなら、物事には原因があれば必ず結果が伴うように、行為をすれば、それが原因となって結果としての別の行為を引き起こしていくのです。因果の車輪は巡り巡って必然の結果を引き起こすのです。

とにかく、行為は別の行為に何らかの影響を及ぼすことは疑いのない客観的科学的事実です。さらにまた、ある行為を起こした遺伝子もまた遺伝子として次から次へと変質しつつも、なお持続的に連綿としてつながっているのであり、これもまた避けることのできない根本的事実です。「親の因果が子に報い」などといわれますが、これはもっぱら親の悪い行為に関していわれるのですが、具体的な行為以前に、遺伝子というものはいつもすでに継承されてしまっているのであり、しかもこの遺伝子は無限の過去に遡り、無限の未来につながっていくものです。その際個人の意志など問題ではありません。いま現在のこのような行為に対して、遠い過去の遺伝子がまったく関係がないともいえないし、同じく遠い過去の行為がまったく関係ないともいえないのです。そう思うと、いついかなる瞬間においても、悪いことはできなくなってくるのであり、できるだけ良いことをしておきたいものであるというふうに考えるのが、素直な倫理観であり、因果応報の正しい受け取り方です。

だからこそ、次の『修証義』の言葉は、「仏祖《ぶつそ》の道《どう》を修習《しゆじゆう》するには、其最初《そのさいしよ》より斯三時《このさんじ》の業報《ごつぽう》の理《り》を効《なら》い験《あき》らむるなり」（「三時業」Ⅳ302）となっているのです。「効い験らむるなり」の「効」とは、「ならう、まねる、まねする、のっとる、まなぶ、みならう」という意味を持ち、「験」とは、「ためす、こころみる、検査する」という意味を持ちます。

仏教では、こういうふうに行為の善悪という原因から生じてくる結果としての業報の道理を、学びつつ会得するということが大事です。言い換えれば、仏教者は、倫理的な是非善悪の因果の道理を素直に受け取り信じていくことによって、一々の瞬間における行為的自己の道徳的向上をはからねばなりません。因果を素直に、善因善果、悪因悪果というふうに受け取る人は、できるだけこの世の中で善を促進し、悪を排除しようとするでしょう。

道元禅師は、これを「深く因果を信ずる」こと、すなわち「深信因果」と呼んで、わざわざ十二巻本『正法眼蔵』の第七巻の題名にも選んでいるのです。したがって、因果を認めない者は非仏教徒であるといわれます。昔はえらい坊さんは因果をよく知り尽くしていたのですが、近頃では、仏教の修行が進まない連中はみな因果を弁《わきま》えず、因果を取り違えている、として次のように、仏法を学ぶために、因果を知ることの不可欠さを道元禅師は語られています。

「往代は古徳ともに因果をあきらめたり、近世には晩進みな因果にまどへり。いまのよなりといふとも、菩提心いさぎよくして、仏法のために仏法を修学《しゆがく》せんともがらは、古徳のごとく因果をあきらむべきなり。因なし、果なしといふは、すなはちこれ外道なり」（「深信因果」Ⅳ293）。

すべては空なのだから、業もまた空であり、本来そんなことにとらわれる必要はないという邪見を抱いて無茶をしていては、永遠に悟りの時はやってこないのです。すなわち、「業障本来空なりとして放逸に造業《ざうごふ》せん、衆生さらに解脱の期あるべからず。解脱のひ〔日〕なくは、諸仏の出世あるべからず」（「三時業」Ⅳ326）であります。

人間の世は、因果の鎖から逃れることはできません。だとすれば、できるだけ良いことをして良い因果を招来するように努力するのが真面目で誠実な生き方です。一周忌とか三回忌とかいうところの「忌」というのは、忌み慎むことです。すなわち、放逸《ほういつ》（勝手気ままなふるまい）・放縦にならないことです。その日は生活を慎んで物忌みするのが「忌日」です。「忌《い》む」とは、「心中にはっと抵抗を感じてきらうこと」、「良くないとして避けること」、「はばかる、いやな、いまわしい」こと（諱、忌憚）です。

「爾《しか》あらざれば多《おお》く錯《あやま》りて邪見《じゃけん》に堕《お》つるなり、但邪見《ただじゃけん》に堕《お》つるのみに非《あら》ず、悪道《あくどう》に堕《お》ちて長時《ちょうじ》の苦《く》を受《う》く」（「三時業」Ⅳ302）。

倫理的道徳的因果の道理を信用しないで、神も仏もあるものかと高を括《くく》っていると、えらい目に遭うのです。あまり道に外れたことをしていると、いつか必ず天罰が下り、仏罰が当たるのです。神や仏はビデオテープでいつでもどこでも記録を取っていらっしゃいますので、神仏の目をごまかすことはできません。「天知る、地知る」とはこのことです。だから「天地神明に誓って嘘は言わない」ということになるのです。因果の道理を無視すると、間違いが間違いの因果を呼び込んで、ますます邪見に惑わされ、その邪見だけですめばよいのですが、邪見には必ず邪《よこしま》な行為が付きまとうので、邪な行為によって永遠に逃れられない苦しみを味わうことになるのです。間違いだと気づいた時にすぐに引き返して、正しい道を歩み出せば、神仏も許して下さるけれども、邪見に惑わされている連中はたいていは死ぬまで気が付かずに邪見に付きまとわれ、遂には地獄に堕ちる羽目となるのです。

第六節　今生の我が身の大切さ――総序6

当《まさ》に知《し》るべし今生《こんじよう》の我身《わがみ》二《ふた》つ無《な》し、三《み》つ無《な》し、徒《いたず》らに邪見《じやけん》に堕《お》ちて虚《むなし》く悪業《あくごう》を感《かん》得《とく》せん、惜《おし》からざらめや、悪《あく》を造《つく》りながら悪《あく》に非《あら》ずと思《おも》い、悪《あく》の報《ほう》あるべからずと邪思惟《じやしゆい》するに依《よ》りて悪《あく》の報《ほう》を感得《かんとく》せざるには非《あら》ず。

この一節は、「三時業」の巻で「順後次受業」を説明する段落に出現する文章です。「当《まさ》に知《し》るべし今生《こんじよう》の我身《わがみ》二《ふた》つ無《な》し、三《み》つ無《な》し」（「三時業」Ⅳ323）。

さて今のこの私の人生はこれしかありません。生命は二度と繰り返されません。まして三度はなおさらありえません。人生は、すべてが、一度ぽっきりのものであり、同じ瞬間は二度とやってこないのです。いわゆる一期一会です。いかなるものであれ、諸行無常ですから、各々の身体も二度と同じものはありません。また同様に、自分の人生を他人に替わって生きて貰うこともできません。だからまた、自分の人生は自分の足で歩んでいくことしかできません。「おれは腹が減ったので、おまえ代わりに食べておいてくれ」ということはできません。

「徒《いたず》らに邪見《じやけん》に堕《お》ちて虚《むなし》く悪業《あくごう》を感得《かんとく》せん」（「三時業」Ⅳ323）。

ここで邪見とは、正見の反対で、仏法からいって正しくない考え方であり、なかでも因果を「撥無《ほつむ》する」すなわち「無いものとする」考え方は、仏法の根本信条に反するものです。因果応報の原理を信用しない考えは仏教ではないのです。原因があって縁があれば結果が生ずるのです。善因善果悪因悪果の原理を信じなければ、誰も良いことをしようと心がけることもなくなり、また、できるだけ悪いことをしないようにしようという心がけも薄らいでくるでしょう。だから、いたずらに因果応報の道理を信頼せずに勝手な行動をしつつ、悪因悪果という業報の道理を感じ取ることができないという空しい人生しか送れなくなるのです。

「惜《おし》からざらめや、悪《あく》を造《つく》りながら悪《あく》に非《あら》ずと思《おも》い、悪《あく》の報《ほう》あるべからずと邪思惟《じやしゆい》するに依《よ》りて悪《あく》の報《ほう》を感得《かんとく》せざるには非《あら》ず」（「三時業」Ⅳ323）。

まことにおしむべきことには、因果応報の道理を信じないものだから、悪いことをしながら悪いことをしたという自覚もなく、したがって悪い報いがあるとは考えもしないのです。けれども、そんなふうに因果応報の原理が無いと誤って思う者の身の上にも必ず悪の報いがやってくるので、その悪の報いを感じ取らないわけにはいかないのです。因果応報の原理は人知を超えて厳然と存在するのです。

「まづ因果を撥無《はつむ》し、仏法僧を毀謗《きはう》し、三世および解脱《げだつ》を撥無する、ともにこれ邪見なり」（『三時業』Ⅳ323）といわれているように、因果関係を無視し、因果応報の原理、是非善悪の道理を信じない者が邪見の持ち主です。過去現在未来という三世の時の流れ、その中での解脱の時の来るのを信じないものは邪見の持ち主です。良いことをすれば良い結果が生じ、悪いことをすれば悪い結果が生ずるという因果応報の道理を素直に信じないものは仏教徒ではないのです。

ですから、邪な見解はできるだけ早めに見切りをつけて、できるだけ早く正しい見解を見つけてできるだけ長く維持し続けなければなりません。

「しかあればすなはち、行者（仏道修行者、仏教徒）かならず邪見なることなかれ。いかなるか邪見、いかなるか正見と、かたちをつくすまで（この身が存続するかぎりは）学習すべし」（『三時業』Ⅳ323）なのです。なぜなら、「続善根《ぞくぜんごん》せざるあひだは、おほくの功徳をうしなひ、菩提の道《だう》ひさしくさはりあり」（『三時業』Ⅳ302）ということになるからです。

私たちは、善根を積む功徳によって菩提（仏の悟り）の道に進むことができるのですが、因果を撥無してしまうような邪見を起こすと、生まれて以来持っていた善根も無くなってしまうのです。仮に三十年間良いことをしても、三十一年目に悪いことをしたら、その三十年間の善根は偽物のインチキであったことになるのです。その場合にはできるだけ早く懺悔反省して、もう一度善根を積む生活に入らないとだめです。そうしない限りは、「多くの功徳を失い」菩提の道に近づくことはできないのです。「惜しからざらめや」というのは、せっかく善根を積んで菩提の道に進むはずの人生を、空しく過ごすことになるわけだから、まことに「惜しいこと、もったいないこと」になるのです。せっかく尊い道に進める機会に恵まれながら、その機会を失うとはまことに惜しいこと、もったいないことです。

第二章　懺悔滅罪

第七節　仏の慈悲の広大無辺さ――懺悔滅罪1

仏祖《ぶっそ》憐《あわれ》みの余《あま》り広大《こうだい》の慈門《じもん》を開《ひら》き置《お》けり、是《こ》れ一切衆生《いっさいしゅじょう》を証入《しょうにゅう》せしめんが為《た》めなり、人天《にんでん》誰《たれ》か入《い》らざらん、彼《か》の三時《さんじ》の悪業報《あくごつぽう》必《かなら》ず感《かん》ずべしと雖《いえど》も、懺悔《さんげ》するが如《ごと》きは重《おも》きを転《てん》じて軽受《きょうじゅ》せしむ、又《また》滅罪《めつざい》清浄《しょうじょう》ならしむるなり。

まず、第二章の標題「懺悔滅罪」の意味と役割について考えておく必要があります。「懺悔」という文字は、古来より「梵漢兼挙《ぼんかんけんこ》」（梵語と漢語の混合体）と呼ばれていますが、それは、「懺悔」という語が、インドの言葉（サンスクリット）と中国独自の言葉とを組み合わせて作った言葉であるからです。すなわち、サンスクリットでいう「クシャマ（ksama)」を「懺摩《さんま》」と音写し、そこから「懺」の一字を採用し、漢字の「悔」は、「くゆ、くい」の意味であり、他にも「懺洗・懺除」などというふうに熟字された語もあり、罪過を悔い改め認容を請うことです[19]。

ところで、宗教には、大きく分けて、人間の自然的本性、たとえば人間の理性に基づいた宗教と、恩寵や奇跡などの、人間理性を超越した神の働き（啓示）によって成り立つ啓示宗教とがあります。ちなみに、キリスト教に代表される啓示宗教では、人間は、「愛《いと》し子」「神の似姿」として創造されるにもかかわらず、アダムとイブとしての人祖が冒した罪（原罪）を背負い、調和を失いゆがみをもっているといわれ、人間はこの原罪を逃れるべく「贖罪《しょくざい》」を行わなければなりません。したがって、新約聖書の「ロマ書」（使徒パウロのローマ人への手紙）では、イエス・キリストは、「ただ一度罪に対して死んだのであり、キリストが生きるのは、神に生きる」のであると説き、死から復活したイエス・キリストこそ、神から使わされた救世主であり、原罪を背負った人間は神の恩寵に与《くみ》する以外には道がないといわれます。しかし、この贖罪行為は具体的には「洗礼」（バプテスマ）、すなわち、「水を注ぎまたは水に浸すことによってキリスト教会に入会させる儀式」を受けることによって具体化されます[20]。

なぜなら、洗礼によって受洗者のすべての行為は許されるとされるからです。洗礼は超自然的な生命への更生であり、この秘跡はただの一回しか受けることができません。洗礼以後に罪を犯した場合には、その罪を悔い改めて、聴罪師の前で告白して、神の赦《ゆる》しを請わねばなりません。これが「告解《こっかい》(confessio, confession)」であり、少なくとも年一回の告解を行うことが、カトリック教徒の義務となっています。この「告解」行為によってはじめて可能にされる罪の赦免《しゃめん》という事態が、「告解の秘跡(一九六〇年までは悔悛《かいしゅん》の秘跡 sacramentum poenitentiae)」と呼ばれるのです(21)。

このようなキリスト教的な贖罪思想(告解・悔悛)に対して、仏教における懺悔滅罪はどのような特色を持っているのでしょうか。

仏教各種のうちでも、人間は「罪悪深重《ざいあくじんじゅう》・煩悩熾盛《ぼんのうしじょう》」の衆生・凡夫であるということを前提にして、阿弥陀の本願に助けられて、摂取不捨の利益に与する親鸞聖人の教えは、啓示の宗教に似ているように見えます。しかしながら、宿命的原罪を背負わなければならない啓示の宗教としてのキリスト教と、自覚の宗教としての仏教が違うところは、宿命的歴史的事実か自覚的主体的内省かの違いです。ちなみに、キリスト教の出発点としての原罪は極めて道徳的なもの、歴史的人類的なものですが、仏教的縁起思想の出発点としての無明の概念は極めて哲学的なもの、内省的主体的なものです(これは決して優劣を論じているのではなく、ただ特徴を明らかにしようとしているだけです)。したがって、罪悪深重の凡夫が、自ら内省して我が身の煩悩の熾盛《しじょう》なること（燃えさかるように盛んなこと）を自覚するに到って、念仏信仰がはじまるわけです。

念仏者は、無礙の一道なり。そのいはれいかんとならば、信心の行者には天神・地祇も敬伏し、魔界・外道も障碍することなし（念仏というものは何ものにも妨げられない絶対無二の大道である。何故にそうなのかといえば、信心の篤い行者には天上の神も大地〈土地〉の神も敬い伏し、悪魔も外道も妨げることはできないからである）」（『歎異抄』第七条⑵²²）

といわれるように、浄土門においてすら、仏教は自覚的宗教でなければならず、ここにおいて、啓示宗教とは根本的な違いが生じているのです。

このように、親鸞聖人においても、「如来よりたまはりたる信心」が根本であったと同様に、『修証義』第二章の「懺悔滅罪」もまた、「誠心を専らにして」「無礙の浄信」を成長促進させることが眼目であり、したがって懺悔することは、すなわち、懺悔仏としての行そのものなのです。

そもそも仏教には懺悔の文というものがあり、宗教的自覚は、ことごとく懺悔からはじまるのです。だから、間違いのない行為のみを行う神仏の前に出ると、本当に正直になっている人間は、懺悔して罪の赦《ゆる》しを請うしかないのです。

ところで、『修証義』全三十一節のうち、第二章は第七節から第十節の四節から成り、『修証義』中最短の章です。そして第七節は『正法眼蔵』の「弁道話」と「三時業」から、第八節と第九節は「渓声山色」の各巻から、第十節は、『永平祖師得度略作法』（もともとは『四十華厳経』「普賢行願品偈」）と「渓声山色」の巻から引かれています。

第七節の「仏祖《ぶつそ》憐《あわれ》みの余《あま》り広大《こうだい》の慈門《じもん》を開《ひら》き置《お》けり云々」（「弁道話」Ⅰ37〜38）は、「弁道話」のいわゆる十八問答中の第十四問に対応しています。すなわち、「とうていはく、出家人は、諸縁すみやかにはなれて、坐禅弁道にさはりなし。在俗の繁務は、いかにしてか一向に修行して、無為の仏道にかなはむ」という問いに対して示した文言です。肝心要のことは、仏祖の大道に証入することは、志のあるなしによるのであって、「身の在家出家にはかかはらじ」と諭されたものです。こうした『修証義』の基本姿勢こそ出家在家ともに安心の標準にすべきものとしたという根本事実からしても、ここは最も適切な文言を引用したものにほかなりません。すなわち、「是《こ》れ一切衆生《いっさいしゅじょう》を証入《しょうにゅう》せしめんが為《た》めなり、人天《にんでん》誰《たれ》か入《い》らざらん」という精神がそれです。まずは「広大（無限）なる（仏の）慈（悲の）門」といわれるゆえんです。しかしその広大なる慈門に入るためには「懺悔」の門をくぐらなければなりません。

「彼《か》の三時《さんじ》の悪業報必《あくごつぽうかなら》ず感《かん》ずべしと雖《いえど》も、懺悔《さんげ》するが如《ごと》きは重《おも》きを転《てん》じて軽受《きようじゆ》せしむ、又滅罪清浄《まためつざいしようじよう》ならしむるなり」(「三時業」旧Ⅲ137)。

ここは、九十五巻本『正法眼蔵』の「三時業」(旧Ⅲ129〜139)の巻に依拠しているのですが、「三時業」の巻は二種類あって、趣旨は同じであるけれども、いわゆる『新草十二巻本』に組み入れられた「三時業」(Ⅳ299〜329)では、「世尊のしめしましますがごときは、善悪の業つくりをはりぬれば、たとひ百千万劫をふといふとも「不亡」なり。もし因縁にあへばかならず感得す。しかあれば、悪業は懺悔すれば滅す。また転重軽受《てんぢゆうきやうじゆ》す。善業は随喜すればいよいよ増長するなり。これを「不亡」といふなり。その報なきにはあらず(お釈迦様がお示しになるところに従えば、善と悪との業を作ってしまうと何億何万光年の時間が過ぎ去っても、なくならない。もし因縁に恵まれれば必ず感知会得するであろう。そういう次第であるから、悪の業は懺悔すれば消滅し、あるいは重い罪を転じて軽減することもできる。善の業はそれに与すればますます増長する。このことを不亡〈なくならず〉というのであり、業の報いが無いことはけっしてないのである)」(「三時業」Ⅳ329)とあります。

すでに述べましたように、第一章「総序」において、「深信因果」と「三時業」の道理を提起したのですが、もう一度ここで取り上げ、くらますことができない因果(不昧《ふまい》因果）の道理を明らかにすることによって、自らが行った行為の結果は、自らの責任において背負うべきであることを鮮明にするものです。『正法眼蔵』「三時業」の巻と、また『宝《ほう》慶記《きょうき》』でも取り上げられているように、いわゆる表面的な空理解の立場からしばしば行われる、業障は本来空であるという理解は、しばしば責任逃れのために、因果を無視して、妄りに振り回された見解（妄見）であることが多いわけです。まさしく因果必然の教えとしての三時業の思想は、このような無責任的自暴自棄的な無反省な行為が行われないようにするための戒めであると同時に、真摯《しんし》で如実な懺悔行によって、避けがたい悪業に対する宗教的な転換が可能となるのです。こうした宗教的転換によって、重い罪を逆対応的に転換して、軽い罪として受けさせること（転重軽受）が可能となるのです。そして、この転換の持続によって、ついには罪過消滅して安心の行く日々を送れるように保証するのが仏教における「懺悔滅罪」という発想です。

「懺悔するが如きは重きを転じて軽受せしむ、又滅罪清浄ならしむるなり」という言葉を安易に受け取って、懺悔文を口唱するだけで救われると考えることは、『歎異抄』が、親鸞聖人の『末灯鈔』第十九通の文を引いて、本願の不思議に助けられるといっても、「『くすりあればとて毒をこのむべからず』とあそばされてさふろふは、かの邪執をやめんがためなり」と述べていることにも通ずる事態です。(23)

第八節　まごころと懺悔の功徳力――懺悔滅罪2

然《しか》あれば誠心《じょうしん》を専《もっぱ》らにして前仏《ぜんぶつ》に懺悔《さんげ》すべし、恁麼《いんも》するとき前仏懺悔《ぜんぶつさんげ》の功徳力《くどくりき》我《われ》を拯《すく》いて清浄《しょうじょう》ならしむ、此功徳《このくどく》能《よ》く無礙《むげ》の浄信精進《じょうしんしょうじん》を生長《しょうちょう》せしむるなり、浄信《じょうしん》一現《いちげん》するとき、自佗《じた》同《おな》く転《てん》ぜらるるなり、其利益《そのりやく》普《あま》ねく情非情《じょうひじょう》に蒙《こう》ぶらしむ。

「然《しか》あれば誠心《じょうしん》を専《もっぱ》らにして前仏《ぜんぶつ》に懺悔《さんげ》すべし」（「渓声山色」Ⅱ124）。

道元禅師の最も有名な提唱の一つに「仏道をならふといふは、自己をならふ也、自己をならふといふは、自己をわするゝなり。自己をわするゝといふは、万法に証せらるゝなり」（「現成公案」Ⅰ54）というものがあります。仏道修行とはまさしく自己の修行であることは明らかですが、この自己の修行が「自己忘却」であるということはそもそも何を意味するのでしょうか。

自己を忘れるということは、自己のエゴイスティックな振る舞いを捨てるということです。だから、自己を忘れるということは、自己の責任を忘れるということではまったくなくて、むしろ責任はますます重く感ぜられるのが真の自己忘却でなければなりません。故に、道元禅師は「自己をわするるといふは、万法に証せらるるなり」といわれるのです。万法とは、すべての自我的行動を捨て去ったところで現前する仏の働きです。つまり自己を超えた、自己を包む巨大なものが万法の真理です。したがって、大自然とか、神とか、仏とか、およそ人間的自我を超えた存在はまさしく万法の真理です。

　このことは、懺悔の働きにおいてもあてはまります。なぜなら、少しでもエゴイスティックな要素が残存している場合には本当の意味での懺悔にはならないからです。だからこそ、真の意味での「自己忘却」としての懺悔は、絶対的普遍としての仏の御前においてのみ可能なことです[24]。人間の前では、本当の意味での懺悔はできません。個々の人間を考えると、どうしてもその人のいやな側面や欠点が目に付き、とても完全なる自己忘却としての懺悔はできないのです。人間の前での懺悔はなかなか「誠心を専らにして」というところまでいかないので、どうしても不十分な懺悔に終わります。仏教語としては「じょうしん」、日常語としては「せいしん」と読む「誠心」とは、まごころ、偽りのない気持ち（誠心誠意）を意味します。

「恁麽《いんも》するとき前仏懺悔《ぜんぶつさんげ》の功徳力《くどくりき》我《われ》を拯《すく》いて清浄《しょうじょう》ならしむ」（「渓声山色」Ⅱ124）。

　このように、誠実なる心からの懺悔行為を営むときには、自己のエゴイスティックな契機が完全に消え去っているので、懺悔者の心はその懺悔の功徳力によって清浄なものに成り変わっているのです。だからこそ、「此功徳《このくどく》能《よ》く無礙《むげ》の浄信精進《じょうしんしょうじん》を生長《しょうちょう》せしむるなり」（「渓声山色」Ⅱ124）。したがって、誠実清浄なる心の働きは、何ものによっても妨げられず、またいかなる邪念や悪知恵によって動かされない「清浄なる信仰心・信念」による努力をますます生長させ増大させるのです。

仏教における「信」は「心澄浄」すなわち、山奥の清らかな水が澄みきっていて底まで見えるように、心が清浄で汚れないことを意味します。さらにまた、『大智度論』においては「仏法の大海は信を能入となす」といわれ、禅門では、信は仏道入門の要心であり、また究極的な悟りの境地（証心）ともいわれます。したがって、道元禅師は「おほよそ信現成のところは、仏祖現成のところなり」（「三十七品菩提分法」Ⅲ285）とさえ述べられております。

懺悔の功徳力によって、浄信が働き出すのですから、この瞬間に自己の変貌に気づかなければなりません。すなわち、懺悔による自己忘却によって、自己が消失するかと思いきや、消失したのは自己のちっぽけな我欲でありエゴなのです。このマイナスの自己が懺悔行為によって打ちのめされたことによって、新たなる仏と出会える清浄なる、生まれ変わった新しい自己が出現しているのです。

そもそも真実の参学、正しい仏道修行ができないのは、正しい求道心がないので、正法に出会いながら、正法を受け入れる力量がないので、「正法にあふとき正法にいとはる丶」（「渓声山色」Ⅱ116）、あるいは「宝山にむまれながら宝財をしらず、宝財をみず」（「渓声山色」Ⅱ117）という事態を招くのです。何といっても、正しい誓願をおこさない限りは、正しい仏法に出会うことはできないことなのです。『正法眼蔵』「渓声山色」の巻には、次のような「発願文」が掲げられております。すなわち、「ねがはくはわれと一切衆生と、今《こん》生《じやう》より乃至生々《しやうじやう》をつくして、正法をきくことあらん。きくことあらんとき、正法を疑著《ぎぢやく》せじ、不信なるべからず。まさに正法にあはんとき、世法をすてて仏法を受持せん、つひに大地有情ともに成道することをえん」（「渓声山色」Ⅱ117）と発願することが、正発心の因縁となると、道元禅師は諭されているのです(25)。

いままさに関心の的となっている『修証義』の八節と次の九節は、ともに一連の発願文の文言でつづられているのです。そして、そこでは、仏道修行が成就しないのは、私たちの身心ともに怠け心（懈怠《げたい》）と不信心によるのであって、いまこそ「誠心を専らにして前仏に懺悔すべし」と説示されております。懺悔の功徳力によって、自らを清浄にし、他をも清浄にすることができるのです。だからこそ、この懺悔心と表裏一体的にある純粋無垢なる、すなわち清浄なる信仰心（浄信）に至るべく、まずは懺悔行為を営めば、その瞬間に浄信が発動して、自他ともにこの清浄なる信心に包まれて、我と大地有情と同時に成道したといわれる、お釈迦様の悟りの時と同じ情況ができあがるのです。このとき、世界の万物は、有情非情みなともに「法喜禅悦《ほつきぜんえつ》」（仏道禅法に対して喜悦の信心をもつこと。食物が肉体の栄養素であるように、信心が善根を増長させる根源であるとする考え）に浸り、その恩恵に浴するのです。この情況が、すなわち「浄信一現《じょうしんいちげん》するとき、自佗《じた》同《おな》じく転《てん》ぜらるるなり、其利益《そのりやく》普《あま》ねく情非情《じょうひじょう》に蒙《こう》ぶらしむ」（「渓声山色」Ⅱ124～125）ということです。

第九節　仏も昔は凡夫、私たちも未来は仏——懺悔滅罪3

其大旨《そのだいし》は、願《ねが》わくは我《わ》れ設《たと》い過去《かこ》の悪業多《あくごうおお》く重《かさ》なりて障道《しょうどう》の因縁《いんねん》ありとも、仏道《ぶつどう》に因《よ》りて得道《とくどう》せりし諸仏諸祖《しょぶつしょそ》我《われ》を愍《あわれ》みて業累《ごうるい》を解脱《げだつ》せしめ、学道障《がくどうさわ》り無《な》からしめ、其功徳法門《そのくどくほうもん》普《あま》ねく無尽法界《むじんほっかい》に充満弥綸《じゅうまんみりん》せらん、哀《あわれ》みを我《われ》に分布《ぶんぷ》すべし、仏祖《ぶっそ》の往《おう》昔《しゃく》は吾等《われら》なり、吾等《われら》が当来《とうらい》は仏祖《ぶっそ》ならん。

すでに明らかにしたように、第九節はすべて「渓声山色」（Ⅱ125）から採られています。前節では、まごころをもって仏の前で懺悔すれば、その懺悔の功徳力によって自らが清浄になり、次にはさらに一段と清浄な信仰心と精進努力する心をますます増長させるとありました。それはなぜでしょうか。懺悔する心の持ち主たる人間は、必ず仏の前で謙虚になり、自己を清浄にしたいという願に生きようとするであろうし、そういう場合には、諸仏が私たちを導いて仏道修行における障害を取り除いて下さる。すなわち、たとえ私たちが、過去のもろもろの悪行によって仏道修行の妨げの原因を多く抱えているとしても、本当の意味で仏道を体得した諸仏諸祖は、私たち衆生凡夫のあり方を哀れだと思し召して、もろもろの業の縛りから解き放ち解きほどいてくださるのです。

ところで、「愍（びん、みん）」は「うれえいたむこと」、「憫《びん》、閔《びん》」は「いたみ気遣うこと」をそれぞれ意味しますが、一般的には両者とも「あわれむこと」を意味します。「憐憫・憐閔」および「憐愍」もともに「あわれむこと、なさけをかけること、同情、れんみん」です。

悪業とは悪業報《あくごっぽう》の略語であり、その意味は、過去に行った悪い行為の結果（報い）としての業報（悪業報）のことです。

業累とは、過去の業障《ごっしょう》（業の障害・さわり）・宿業《しゅくごう》（積み重なった業）によって繋縛されることです。

法門（s: dharma-paryāyā）とは、①仏の教法は八万四千の法蘊《ほううん》であるといわれるように、種々の方面にわたっており、聖智に達し信心（＝澄浄心）に通入する門であり、また生死を脱して涅槃に入らしめる門であるという意味であり、たとえば「坐禅は乃《すなわ》ち安楽の法門なり」(『禅苑清規』八「坐禅儀」)といわれます。さらにまた②宗門あるいは仏法の意味にも用いられます。

法界《ほっかい》(s: dharma-dhātu)とは、十八界《じゅうはっかい》の一つで、法の世界、真理の世界の意味ですが、意識の対象となるものがすべて法界で、色心・有為無為の一切法をさすのです。十八界とは、六根(眼・耳・鼻・舌・身・意)、六境(色・声・香・味・触・法)、六識(眼識・耳識・鼻識・舌識・身識・意識)の十八の世界です。

弥綸《みりん》とは、「広がって行き渡り続ける」ことです(26)。弥とは、わたること、みちはびこること、おおうことであり、綸とは糸のことであり、連綿としてつながりつづけることです。仏は修行の先達であり、降魔によってもろもろの悪業を断ち切られた方であり、その功徳によって開かれた法門において、仏は私たち凡夫衆生の間違いを許して、これ以後間違いをしないようによい方へ教え導こうとする憐憫の情をお持ちであり、そういう広大無辺な慈悲心は、世界中の到るところに充満し行き渡り続けているのです。仏に対しては、私たち衆生凡夫はそういう広大無辺な憐憫の情を私たち各自に分かち与えて下さることを冀《こいねが》うのです。とにかく仏のお慈悲は世界中に充満しているのだから、こちらも精進努力すればいつでも手が届くような情況が作られているのです。問題はこちらが懺悔して自らの身を清めて仏の道に入門し教えを請う準備を整えているかどうかです。

さてこの段落の最後の文章は、「仏祖《ぶつそ》の往昔《おうしやく》は吾等《われら》なり、吾等《われら》が当来《とうらい》は仏祖《ぶつそ》ならん」となっております。仏様のようにえらい方がたでも、昔はまだ現在の私たちのように素凡夫であり、迷える衆生であったのだ、それが何年何十年も精進努力して修行を積み重ねることによって、立派な古仏となり祖師となられたのである、と。

ちなみに、昔の同級生のことを思うと、昔は大したこともなかったのに、何年か後に逢ってみると立派な人、優れた人間になったなあという体験がしばしばあります。それは見ず知らずの間に友人たちもそれぞれの世界で修行と勉強を重ねてえらくなったのです。隠れた努力を馬鹿にしてはいけません。先入見は禁物です。

ですから、今の私たち凡夫衆生が怠ることなく修行を積み重ねるならば、いずれは必ず諸仏となり祖師となることができるのです。少なくとも仏様への尊崇の念がわいてくるはずです。まさに「この行持あらん身心自らも愛すべし、自らも敬うべし」です。長いこと精進努力を積み重ねると、いつかはどえらい人間になりうるのだということが、ここでいうところの「仏祖の往昔は吾等なり、吾等が当来は仏祖ならん」ということです。

第十節　懺悔すれば、必ず仏の助けがある――――懺悔滅罪4

我昔所造諸悪業《がしやくしよぞうしよあくごう》、皆由無始《かいゆうむし》貪瞋痴《とんじんち》、従身口意之所生《じゆうしんくいししよしよう》、一切我《いつさいが》今皆懺悔《こんかいさんげ》、是《かく》の如《ごと》く懺悔《さんげ》すれば必《かなら》ず仏祖《ぶつそ》の冥助《みようじよ》あるなり、心念身儀《しんねんしんぎ》発露白仏《ほつろびやくぶつ》すべし、発露《ほつろ》の力《ちから》罪根《ざいこん》をして銷殞《しよういん》せしむるなり。

「我昔所造諸悪業《がしやくしよぞうしよあくごう》、皆由無始《かいゆうむし》貪瞋痴《とんじんち》、従身口意之所生《じゆうしんくいししよしよう》、一切我《いつさいが》今皆懺悔《こんかいさんげ》」（『四十華厳経』「普賢行願品偈」、『永平祖師得度略作法』）。

この漢文を書き下し文にすると、「我れ、昔より造りし所のもろもろの悪業は、皆無始の貪瞋痴に由る、身口意より生ずる所なり、一切我れ今《いま》、皆《みな》懺悔したてまつる」となります。この四句の懺悔文は、仏教における悪の発生の仕方を語っています。

これをさらに現代語訳すれば、「私が過去において作り出したもろもろの悪行は、皆ことごとくはじめのない三つの毒、すなわち、むさぼり（貪欲）、いかり（瞋恚《しんい》）、おろかさ（愚痴）の三種から生ずるものである。それらは、身体現象学の見地からいえば、身体による行為、口による発言、心意識による考え、三つの代表的な人間的活動から悪が生ずるのである。これらの悪業をいま私は、ことごとく懺悔する」となります。なお、無始とは、「始めがないこと」、すなわち、「始まりの兆しさえない以前にもうすでに始まっている」という意味です。だから、無始以来とは、限りなく遠い過去から、太初の過去からの意味であり、永久絶対を表す表現です。

ちなみに、身業による罪悪には、「殺生・偸盗・邪淫」の三種が挙げられます。すなわち、生き物の命を奪うこと、他人の物を盗むこと、過度に淫欲を満たすことです。

次に、口業による罪悪には、妄語・綺語・悪口・両舌の四種が挙げられます。妄語とは、真実でない言葉、嘘を言うことです。ちなみに、身口意の三つの行為によって作られる十悪の中では、口の罪悪が最も多く、この口の罪悪の中で妄語が最も重い罪悪とされます。ちなみに、指月慧印《しげつえいん》和尚（一六八九〜一七六四）が撰述した『禅戒篇』（一七三二年刊行）によれば、「謂三業所造十悪之中、口罪最多、口罪之中妄語最重（いわゆる身口意の三つの行いによって作られる十悪のうち、口の罪が最も多く行われ、この口罪のうち嘘が一番罪が重い）」とあります。「嘘は泥棒の始め」ということわざもあるように、嘘を付くのは、人格的に見て最もよろしくないことです。

綺語とは、巧みに言葉を飾って誠実を欠く語（行為）であり、十悪の中の、口でもって冒す悪の一つです。「衆生は十事を以て善を為し、亦十事を以て悪を為す。身は三、口は

四、意は三なり（中略）口四者両舌・悪罵・妄言・綺語なり」（『四十二章経』）。

あまりにも口がうまくてしゃべりの上手な人間には気をつけねばなりません。あまりにもうまい話は眉唾物《まゆつばもの》であります。したがって、孔子さまも、『論語』の「学而《がくじ》」篇において、「巧言令色鮮矣仁（巧言令色スクナシ仁《じん》）」と喝破されています。「巧言令色」とは、まさしく「言葉を飾り、表情をとりつくろうこと」(27)です。口のうまい人の言葉には気をつけて下さい。真実が無くて、虚飾が隠されていることを見抜かなければなりません。これに対して、仏の言葉はすべて「真実語」であります。仏は本当の言葉だけを語られるのです。綺語を語る者は、口先ではうまいことをいっておりますが、すべてはインチキです。これを洞察する能力が、仏教における智慧です。

第三の口罪は、「悪口」です。人間はともすると人の悪口を言いたがる動物ですが、できることなら人様の悪口は言わない方がよい。人の悪口を言えば言うほど、悪口を言っている人間の品位をどんどん下げるだけです。悪しきたくらみのもとに意図的にねつ造された噂や悪口に扇動されて、あるいは巧みな口車に乗せられて軽挙妄動し、とんでもない恥をかくことがないように、日頃より自己自身の理性的な洞察力（智慧）を養っておかなければなりません。

「両舌」とは二枚舌であり、一方ではあることを語り、他方ではその反対のことを言うことで、そういうことをすると、ある人の前で言うことと、他の人の前で言うことが反対のことになり、両方で言う言葉は矛盾してくるのです。二枚舌を使う人間は誰にも信用されなくなります。したがって、「両舌」のことを「離間語」ともいいます。二人の仲を離間（仲たがい）させる原因となる言葉だからです。大事なことは、二枚舌を使う人の言葉の心底にある意図を洞察して動揺しない智慧を身につけることです。

次に、意思による悪業としては、「貪欲・瞋恚・邪見」すなわち「むさぼり、いかり、邪な見解」が挙げられます。

貪欲とは、むさぼりです。必要以上に物事を欲求することは貪欲です。お釈迦様の最後の説法（八大人覚）の第一は「少欲」、第二は「知足」ですが、貪欲はこの「少欲」と「知足」に反する事柄です。私たち人間は、ともすると自分の欲望をコントロールできなくなってしまいやすく、貪欲に走ってしまい、体の健康を損ねたり、精神的安定を欠き、つまらぬ間違いを犯したり、ついには身を破滅させることがあります。つねに身体的精神的の両方面における「少欲・知足」によって己をコントロールできるように配慮しなければなりません。

第二の意思・意志の間違いは「瞋恚」、すなわち、いかりの感情であります。あまり怒りすぎてもだめですが、全然怒らないのもだめです。相手が間違いを犯したときには勇気をもって相手をいさめ、間違いを戒める勇気も必要です。だからこそ、仏教には不動明王のように忿怒《ふんぬ》の形相で、あるいは仁王（金剛力士）のように力強さを誇示して、仏の活動を妨げる者を退治・威《い》嚇《かく》する守護神などが存在するわけです。だから、時と場合によっては、いくら仏教徒といっても怒ってもよいと思います。ただし、あくまで、人びとの間違いを正し、一人でも多くの人を正道に赴かせるという慈悲と智慧が必要です。まったくそういう慈悲も智慧もないのにいたずらに怒るということはおおまちがいのもとであります。次々とまことにおぞましく、寂しく悲しい事件がありました。ただ長年にわたってなじられていたということだけで、かわいい妹を殺してしまい、挙げ句の果ては死体を十五個の部分に切り刻んだというすさまじい事件がありました。これは瞋恚《しんい》の悪しき例です。

　第三の意業である「邪見」とは、正しい道理に背いた見解であり、因果を無視した説であります。仏教では、お釈迦様が十二月八日に暁の明星を一見されて最初に悟られた内容は、「四諦八正道」であるといわれていますが、その八つの正しい道の第一は「正見」すなわち「正しい見解」です。邪見に走れば外道（非仏教的立場）となり、正見を抱けば仏者となりますが、この場合、邪見は是非善悪の因果の道理を信じないことでもあります。『正法念處経』一には、「若生二邪見一、生二顛倒見一、是邪見業」とあります。すなわち、私たちは、邪《よこしま》な見解、すなわち、逆《さか》しまに転倒した見解を生じてしまいますが、こうしたことが「邪見業」といわれるものです。この邪見を助長する力を邪見力と呼びます。道元禅師は、『正法眼蔵』「三時業」の巻において「かくのごとく善悪を撥無する邪見力のゆゑに、天趣の中有たちまちに隠歿《おんもつ》して、地獄の中有すみやかに現前し、いのちをはりて地獄におつ。これは邪見のゆゑに、天趣の中有かくる、なり」（Ⅳ322〜323）と述べられています。このように、邪見に眼が眩《くら》んだままでいると、極楽に行ける機会を失って、地獄に堕ちてしまうというのです。

このようにして、この第二章「懺悔滅罪」の結びは、「是《か》の如《ごと》く懺悔《さんげ》すれば必《かなら》ず仏祖《ぶっそ》の冥助《みょうじょ》あるなり、心念身儀《しんねんしんぎ》発露白仏《ほつろびゃくぶつ》すべし、発露《ほつろ》の力罪根《ちからざいこん》をして銷殞《しょういん》せしむるなり」（「渓声山色」Ⅱ126）となります。

「冥助」とは、「冥加《みょうが》」という言葉にも類似した意味であり、知らず知らずのうちに蒙る仏の加護・助力という意味です。「心念身儀」とは、心意識の念想と、身体の威儀作法とでもって、言い換えると、全身全霊でもって立ち向かうということです。「発露」とはありのままに、すべてをさらけ出すこと、「白仏」とは、仏に告白すること、したがって、発露白仏とは、仏に対して、自己の罪悪を包み隠すことなくありのままに告白懺悔することです。銷《しょう》とは、とかすこと、殞《いん》とは、おちること、したがって、「銷殞」とは、消滅することと、消滅させることです。

すなわち、以上のごとく、懺悔すれば、必ず仏祖の助けがあるけれども（「是の如く懺悔すれば必ず仏祖の冥助あるなり」）、その際大事なことは、心の思いと身の威儀作法を正しく調えて、仏の前で正直に告白し懺悔しなければならないのであり（「心念身儀発露白仏すべし」）、そうすれば、その誠心誠意の告白懺悔の力によって、自らの罪の根を消滅させることができるのです（「発露の力罪根をして鎖殞せしむるなり」）。

第三章　受戒入位

第十一節　仏道は仏法僧の三宝を敬うことから始まる――受戒入位1

次《つぎ》には深《ふか》く仏法僧《ぶっぽうそう》の三宝《さんぼう》を敬《うやま》い奉《たてまつ》るべし、生《しょう》を易《か》え身《み》を易《か》えても三宝《さんぼう》を供養《くよう》し敬《うやま》い奉《たてまつ》らんことを願《ねご》うべし、西天東土《さいてんとうど》仏祖正伝《ぶっそしょうでん》する所《ところ》は恭敬仏法僧《くぎょうぶっぽうそう》なり。

さて、『修証義』の第三章の標題は「受戒入位」となっています。すなわち、「戒を受けて仏の位に入る」ということです。これはキリスト教でいえば、「洗礼」に対応するものであります。本来的には、受戒は、キリスト教の洗礼と同じように、生きているうちに仏教に目覚め入信するときに行うべきものですが、残念なことに、現代の日本仏教では、生前の受戒（授戒）よりも、死後、すなわち葬式のときにようやく戒を授受して仏教者の仲間入りをするのが大半となっております。

何はともあれ、『修証義』の第三章では、仏教における戒の問題が主題となっているのです。戒（s: śīla, p: sīla、音訳「尸羅」）とは、たとえば、第一に、仏教を学ぶのに不可欠な三大契機としての三学（戒・定・慧）、あるいは菩薩の六つの徳行としての六波羅蜜（布施・持戒・忍辱・精進・禅定・智慧）の一つであり、仏教道徳の総称です。消極的には諸悪を防ぎ、積極的には衆善を促す行為です。戒律という場合には、戒は自発的な心の働きであり、律（s: vinaya、音訳「毘奈耶」）は文章化された規範・規律であり、両者はその原意を異にするのですが、戒律として併用して使用されます。

第二に、戒律には守るべき条項があって、これを音訳で「波羅提木叉《はらだいもくしゃ》（s: prātimokṣa）」、意訳で「別々解脱」ないしは「別解脱」あるいは「別解脱律儀」と訳され、「戒本《かいほん》」とも呼ばれました。戒律は、もともとは、仏弟子・僧尼・在家信者の修道生活の規定として随時に設けられ（随犯随制）、後には教団を統制維持するために定められ、仏滅後第一回の結集において波羅提木叉（別解脱）が制定されました。後には、小乗には比丘の二百五十戒、比丘尼の三百八十四戒、五戒・八戒などの在家戒、大乗には三帰戒・三聚浄戒・十重禁戒・四十八軽戒などが成立しました。『修証義』には、三帰戒・三聚浄戒・十重禁戒の総計十六条戒が提示されています。以下、第三章の本文の解説にはいりましょう。

第一の文章は「次《つぎ》には深《ふか》く仏法僧《ぶっぽうそう》の三宝《さんぼう》を敬《うやま》い奉《たてまつ》るべし」（「道心」Ⅳ471）となっています。三宝とは、仏法僧すなわち、仏様、教え、僧侶のことであり、仏教入門の入り口は、仏教において最も大事なものとされるこの三つの宝に対する畏敬の念を持つことから出発するのです。この三宝は、さらに住持三宝、現前三宝、一体三宝の三種の観点を持つとされています。

詳しくいえば、①住持三宝とは、私たちが常に保持し維持し続けている三宝、直接的に観たり聞いたりできる三宝です。たとえば各家庭の仏壇やお寺の須弥壇に祀られている仏像（木や金銅で作られている仏像）、印刷されたり書写されたりしている経典、お寺で修行している雲水・僧侶たちです。

次に②現前三宝とは、現実に歴史上に現れて正覚を成就した仏身としての釈尊を仏宝、その正覚の内容としての法や所説の理を法宝、その所説の教を学び修し、その道を人にも教え後世に伝える僧団を僧宝というのです。

さらに、③一体三宝（同体三宝、同相三宝）とは、これらの三宝が仏法僧というふうに三種の別々の名称を有してはいますが、その本体からみれば一体不二であることを示すものです。一体だから同体とも同相とも呼ぶのです。すなわち、三宝は同一の法性真如（不変の本性・本質）を三方面からみたものであり、真理を体得しこれを説くものが仏であり、述べられた真理の教えが法であり、この教えを学び行ずるものが僧です。この一体三宝について、道元禅師は、『正法眼蔵』「帰依仏法僧宝」の巻で次のように提示されています。「一体三宝、証理大覚、名為㆓仏宝㆒、清浄離染、名為㆓法宝㆒、至理和合、無擁無滞、名為㆓僧宝㆒」（一体三宝とは、真理を証明し大きな悟りを獲得した者を仏宝と呼び、清浄にして汚れのないこと、これを法宝と呼び、真理と自己とが完全に和合し、真理をおおう（擁）こともさまたげる（滞）こともないものを僧宝と呼ぶのである）、かくのごとくの三宝に帰依したてまつれるなり」（Ⅳ259）[28]。

なお仏教の三宝思想とは異なった観点からですがキリスト教には三位一体（Trinitas, Trinity）という考え方があり、これによれば、神はその本性において一つであり、この一つの神の内に三つの位格（persona. つまり父と子と聖霊）があることを意味します。三位一体であるからして、父も子も聖霊も同じ神そのものですが、この三者は同じ神性を持ちながら、その現れ方が異なっているわけです。すなわち、父としての神は他から受けることなしに神性を持ち（agenesis〈非被造性、非生成性〉）、子としての神（イエス）は父としての神から生み出され、聖霊（holy spirit）は父と子とから「生まれる」のではなく、「発出（spiratio）される」[29]といわれます。この意味において、「聖霊」も三位一体の独自の「位格」を持つのです。

第二番目の文章は「生《しょう》を易《か》え身《み》を易《か》えても三宝《さんぼう》を供養《くよう》し敬《うやま》い奉《たてまつ》らんことを願《ねご》うべし」（「道心」Ⅳ471）となっています。すなわち、生まれ変わり死に変わっても、常にこれらの三宝を供養し、敬い奉ることを願いとしなければならないとあります。願うということは、いまだ十分に真理が自らのものとなっていないので、これからも精進し努力して、三宝を敬い奉りつつ、三宝が十分に備わっている理想的情況を実現しようと願うわけです。ちなみに、ドイツの大哲学者カントも、人間理性にとって道徳は当為（Sollen）の対象であるが、宗教は希望（Hoffnung）の対象であると述べています。誓願と希望との間には意味とニュアンスの違いはありますが、共に同類項的な概念です。ともあれ、この願いを持つことが、人間が仏法の真理に対して謙虚に何時《いつ》までも努力し続ける証《あかし》です。願いを持たない人間は、傲慢《ごうまん》であるか、進歩をあきらめた人間です。

三つ目の文章は「西天東土仏祖正伝《さいてんとうどぶつそしょうでん》する所《ところ》は恭敬仏法僧《くぎょうぶっぽうそう》なり」（「帰依仏法僧宝」Ⅳ255）となっています。すなわち、インド（西天）でも、中国（東土）でも、仏法が正しく伝えられている所では、このように、三宝を恭《うやうや》しく敬い奉るということが現実に行われているというわけであります。そもそも漢字「恭」は、行為などのように外に現れる慎み深さを意味し、「敬」は心の内なる慎み深さを意味する言葉です。したがって仏教語としての「恭敬（s: satkâra, p: sakkâra）」とは、己をむなしゅうして他を、ここでは特に仏法僧の三宝を敬い尊ぶことです。インドで行われた恭敬の仕方には九種の区別があるとされ（玄奘三蔵『大唐西域記』二）、あるいは浄土の行人には五種の恭敬の仕方がある（『西方要訣』下）とされます。

以上みてきましたように、ここでは「仏法僧」の三宝を「（供養し）敬い奉る」「恭敬《くぎょう》（恭《うやうや》しく敬う）」ということが書かれていますが、これらはまた、以下の段落にも出てくる「帰依」「南無」ということと同じことです。帰依とは、サンスクリット語の śaraṇa を漢語で「帰」または「帰依」と訳したことに由来するのです。「帰」とは、最終的に自らの落ち着きどころに帰着すること、在るべき所に戻り落ち着くことであり、「依」とは、何かのかげをたよりにして姿を隠すこと、転じて何ものかを頼り何ものかに依拠することです。要するに「帰依」とは、勝れたものに帰投し依伏すること、たとえば信仰することです。また「南無」は、サンスクリット語 namas の音写語であり、他にも那摩・那莫・那謨・納莫・納慕などの音訳もあります。意訳としては「帰命・頂礼・恭敬・敬礼・信受」などがあります。

第十二節　三宝への帰依こそ解脱と菩提の基である——受戒入位2

若《も》し薄福少徳《はくふくしょうとく》の衆生《しゅじょう》は三宝《さんぼう》の名字猶《みょうじな》お聞《き》き奉《たてまつ》らざるなり、何《いか》に況《いわん》や帰依《きえ》し奉《たてまつ》ることを得《え》んや、徒《いたず》らに所逼《しょひつ》を怖《おそ》れて山神鬼神等《さんじんきじんとう》に帰依《きえ》し、或《あるい》は外道《げどう》の制多《せいた》に帰依《きえ》すること勿《なか》れ、彼《かれ》は其帰依《そのきえ》に因《よ》りて衆苦《しゅく》を解脱《げだつ》すること無《な》し、早《はや》く仏法僧《ぶっぽうそう》の三宝《さんぼう》に帰依《きえ》し奉《たてまつ》りて、衆苦《しゅく》を解脱《げだつ》するのみに非《あら》ず菩提《ぼだい》を成就《じょうじゅう》すべし。

「若《も》し薄福少徳《はくふくしょうとく》の衆生《しゅじょう》は三宝《さんぼう》の名字猶《みょうじな》お聞《き》き奉《たてまつ》らざるなり、何《いか》に況《いわん》や帰依《きえ》し奉《たてまつ》ることを得《え》んや」（「帰依仏法僧宝」Ⅳ259～260）。

また「薄福少徳《はくふくしょうとく》」とは、「福薄く徳の少ないこと、要するに福徳の乏しい人のこと」ですが、「薄徳少福」という言い方もあります。ここでいう「薄福」とは、お金が無くて貧乏という意味ではなくて、もともと善根が少なく、その結果として福善が薄く、功徳が少ないことです。必ずしも金持ちが信心深いわけでもなく、貧乏人が信仰心がないわけでもない。むしろ逆の場合が多い。貧者の一灯という言葉もあるように、信仰心の篤い者が必ずしも金持ちではないのです。

何が幸福であるかといって、受け難き人身を受けて、逢い難き仏法に逢うことほど幸福なことはないというのが仏教者の信念でなければなりません。仏教を信仰する意味での福徳について語られている文言を、『正法眼蔵』から五つほど抜粋して以下に引用しておきます。

①「これただ一仏二仏を供養せる福徳のみにはあるべからず、無量百千億のほとけを供養奉覲《ぶごん》せる福徳なるべし（仏教を信奉することによって受け取る福徳は、ただ一つや二つの仏を供養してえられる程度の福徳ではなくて、計り知れないほど多くの仏を供養することによってえられる福徳である）」（「伝衣」Ⅱ253）。

②「しるべし、古仏を供《く》ずると古教をみると、福徳斉肩なるべし（古仏に供養することは、古の仏典・仏教を学習する功徳に匹敵するものである）」（「看経」Ⅱ219）。

③「おほよそおぼろけの福徳にあらずは、見聞すべからざる法輪なり（仏の真理はよほどの福徳がそなわっていないかぎりは、見聞できない真理である）」（「梅花」Ⅲ169）。

④「しかあればすなはち、よのつねに打坐する、福徳無量なり（だからこそすなわち、いつも坐禅に打ち込むことは、仏道に邁進することであるから、当然のことながら福徳が備わること限りないのである）」（「三昧王三昧」Ⅲ356）。

⑤「澆季《げうき》の学者、薄福にして正師にあはず（しかしながら、末世に仏道を学ばんとする者は福徳に乏しい者だから、正しい先生にも会うことはできないのである）」（「深信因果」Ⅳ298）。

以上のように、昔の人は、信仰心や宗教心が薄弱であると、福も善もやってこないと、素直に考えていたのです。つまり、それほど素直で信心深く、仏教がそれほど人びとの間で信じられていたということです。したがって、「若し薄福少徳の衆生は三宝の名字猶お聞き奉らざるなり、何に況や帰依し奉ることを得んや（仮に徳善根が乏しく、福善が薄弱であり、功徳が少ない衆生は仏法僧の三宝という名前さえ知らない、まして況わんや、仏法僧の三宝に帰依するなどということがどうしてできようか）」（「帰依仏法僧宝」Ⅳ259〜260）ということになるのです。

「所逼《しょひつ》」とは、「押しつけられること、強要されること、迫られること」です。「山神」とは、山の神です。日本の山の頂上には必ず祠があって何か神のようなものを祀っているのが見受けられます。鬼神とは変化《へんげ》自在の力を有し、仏法国土を守護し、または凶悪を振るって人畜等を悩ます怪物です。前者には梵天・帝釈・地祇・龍王・十六善神等の善鬼神があり、後者には夜叉・羅刹等の悪鬼神があります。なお一般には乾闥婆《けんだつば》、夜叉《やしゃ》、阿修羅《あしゅら》、迦楼羅《かるら》、緊那羅《きんなら》、摩睺羅伽《まごらか》の六部鬼神を指します（『観音経』にも出てきます）。ここでは否定的な意味で使われているので悪鬼神を指すことになります。一般的大衆的日常的な信仰が別に山神・鬼神等を祀ることはさしたる問題ではないのですが、ここでは、清らかな心から生ずる受戒行為によって、正真正銘の仏弟子となることが主題であるので、あくまで俗信仰、大衆的な神々は問題外です。まして、いかがわしい淫祠邪教の類はなおさら問題外です。

「制多」とは、サンスクリットではcaitya、パーリ語ではceityaで、霊祠、霊廟、塔廟のことを意味します。神聖視されている樹木、樹木の下の祠、石の塔、蟻塚、堂など、そこに何か霊が宿っていると考えられたものを意味するのです。塔・塔婆（s: stūpa; p: thūpa）と混同されることがありますが、仏舎利をおさめている建造物を塔婆といい、仏舎利のない廟や殿宇等の宗教的な建物を「制多（caitya）」というのです。この制多そのものは仏教（仏堂・寺）にも他の宗教各派にも共通するものです。

「徒《いたず》らに所逼《しよひつ》を怖《おそ》れて山神鬼神等《さんじんきじんとう》に帰依《きえ》し、或《あるい》は外道《げどう》の制多《せいた》に帰依《きえ》すること勿《なか》れ」（「帰依仏法僧宝」Ⅳ262～263）という文章を意訳すれば、「大した根拠もなしに、押し迫られるような、何か不気味な圧力を恐れて、怪しい山の神や鬼神等に帰依したり、仏教以外の霊廟に帰依したりしてはならない」となるでしょう。

「彼《かれ》は其帰依《そのきえ》に因《よ》りて衆苦《しゆく》を解脱《げだつ》すること無《な》し」（「帰依仏法僧宝」Ⅳ263）とは、「そのようなものに帰依する者はその帰依によってもろもろの苦悩から解放されることはできない」ということです。

「早《はや》く仏法僧《ぶつぽうそう》の三宝《さんぼう》に帰依《きえ》し奉《たてまつ》りて、衆苦《しゆく》を解脱《げだつ》するのみに非《あら》ず菩提《ぼだい》を成就《じようじゆう》すべし」（「帰依仏法僧宝」Ⅳ264）とは、すなわち、「速やかに大先生である仏と、その教え（真理）と、その教えを現実に説く僧侶との三宝に帰依して、もろもろの苦しみから自己を解き放つだけではなくて、悟りを実現しなければならないのである」という意味です。ここのところは私たちがそもそも仏教者となるかどうかという問題の入り口です。

第十三節　三宝への帰依こそすべての戒の基本である――受戒入位3

其帰依三宝《そのきえさんぼう》とは正《まさ》に浄信《じょうしん》を専《もっぱ》らにして、或《あるい》は如来現在世《にょらいげんざいせ》にもあれ、或《あるい》は如来滅後《にょらいめつご》にもあれ、合掌《がっしょう》し低頭《ていず》して口《くち》に唱《とな》えて云《いわ》く、南無帰依仏《なむきえぶつ》、南無帰依法《なむきえほう》、南無帰依《なむきえ》僧《そう》、仏《ほとけ》は是《こ》れ大師《だいし》なるが故《ゆえ》に帰依《きえ》す、法《ほう》は良薬《りょうやく》なるが故《ゆえ》に帰依《きえ》す、僧《そう》は勝友《しょうゆう》なるが故《ゆえ》に帰依《きえ》す、仏弟子《ぶつでし》となること必《かなら》ず三帰《さんき》に依《よ》る、何《いず》れの戒《かい》を受《う》くるも必《かなら》ず三帰《さんき》を受《う》けて其後諸戒《そののちしょかい》を受《う》くるなり、然《しか》あれば則《すなわ》ち三帰《さんき》に依《よ》りて得戒《とくかい》あるなり。

「其帰依三宝《そのきえさんぼう》とは正《まさ》に浄信《じょうしん》を専《もっぱ》らにして、或《あるい》は如来現在世《にょらいげんざいせ》にもあれ、或《あるい》は如来滅後《にょらいめつご》にもあれ、合掌《がっしょう》し低頭《ていず》して口《くち》に唱《とな》えて云《いわ》く」（「帰依仏法僧宝」Ⅳ256）。

仏教を信ずることとは、まず何はおいても仏法僧の三つの宝を信頼してこれに帰依することが基本です。しかも、仏法僧の三宝に帰依し奉るということは、まさしく清浄無垢なる信仰心をおこして、お釈迦様の在世の時代であろうと、現在のような、お釈迦様亡き後の時代であろうとも、とにかく両手をあわせて合掌し、頭を低く下げて口に称えて次のようにとなえるしかないのです。

「南無《なむ》帰依《きえ》仏《ぶつ》、南無《なむ》帰依《きえ》法《ほう》、南無《なむ》帰依《きえ》僧《そう》」(「道心」Ⅳ472)。

「南無」と「帰依」については、それぞれ前節で説明いたしました。ここでは、仏と法と僧の三宝を心から信奉して、これに帰依し随順するということであります。何はともあれ、仏教者となることはこの三宝に帰依することからはじまるというのです。仏教を信ずるとは、すなわち、具体的に仏と法と僧の三者を同時に信奉し信頼するということに他ならないということです。

「仏《ほとけ》は是《こ》れ大師《だいし》なるが故《ゆえ》に帰依《きえ》す、法《ほう》は良薬《りようやく》なるが故《ゆえ》に帰依《きえ》す、僧《そう》は勝友《しようゆう》なるが故《ゆえ》に帰依《きえ》す」(「帰依仏法僧宝」Ⅳ257)。

さて、仏とは仏陀(buddha)の略語であり、意訳して覚者あるいは大人と呼ばれます。したがって、仏はこの上なく尊い存在すなわち無上尊であり、偉大なる師匠すなわち大先生であります。法(dharma)とは、これを知れば私たちはあらゆる煩悩という塵の中から抜け出ることのできるという尊いもの、すなわち、離塵尊であり、私たちの心身を共に健全・健康にする良薬であります。僧とは僧伽(samga)の略語であり、「サンガ」はもともと「和合衆」または「衆」の意味があり、人をして和合させる上で、この上なく尊いものであり、そうであるとすれば僧は勝れた友すなわち勝友でなければなりません。

しかしながら、ここで一つ注目すべきことは、三宝のうち、仏、大師釈尊と、その教えとしての法とはつねにどこでも正しいもので間違いないものですが、僧というものは具体的な生身の人間ですので、一番間違いやすい存在でもあります。にもかかわらず、仏法をこの生身の肉体で修行し、その体験から活きた仏教を人びとに説いていく僧侶という存在がなければ、仏教はただ書物の中にしか無くなり、書物だけの仏教では、本当に人間のための仏教であるかどうかわからなくなります。そういう意味で、間違いを犯すかも知れないけれども、僧侶の存在は生ける仏教を少しでも絶やさずに伝え続けるものとして重要な役割・使命を担っているのです。私自身は、まことに微力ながら、かりにも道元門下の僧侶となった以上は、道元禅師の『正法眼蔵』の精神に立脚した仏教的真理を少しでも皆様方にお伝えしなければならないという気持ちを懐《いだ》いています。

法（dharma）とは、そういう尊いお方が究められ、私たち凡人のためにお示しになりお書きになった真理であり教えです。名人達人を尊敬することと、その教えを学ぶこととは不二一体のことです。この意味で私たち曹洞宗の僧侶にとっては釈尊はもちろんとして、道元禅師こそは大師として大先生であり、仏教の大先達です。その教えは絶対です。この道元禅師の教えを一般の人びとにできるだけわかりやすく説明していくのも道元門下としての私の使命であります。

僧・僧伽（saṃgha）とはもともと衆または和合衆という意味の言葉です。絶対的な大先生と、その教えとを共に学び理解し実践しようとする者ですから、坐禅を学習し実践しようとされている人びとはみな仏の弟子であり、共に修行者としては、坐禅している限りは、坐禅和合衆としては何ら区別は無いのです。勝れた友を僧というのであるとすれば、坐禅者はみなことごとく勝友でなければなりません。

「仏弟子《ぶつでし》となること必《かなら》ず三帰《さんき》に依《よ》る、何《いず》れの戒《かい》を受《う》くるも必《かなら》ず三帰《さんき》を受《う》けて其後諸戒《そののちしょかい》を受《う》くるなり、然《しか》あれば則《すなわ》ち三帰《さんき》に依《よ》りて得戒《とくかい》あるなり」（「帰依仏法僧宝」Ⅳ275）。

以上述べたような理由によって、仏様のお弟子となるときには必ず仏法僧の三つの存在に帰依することからはじまるのです。だから他のいかなる仏戒を受けるにしても、まずはじめに仏法僧の三つのものに帰依する戒律を受けてはじめてその後で他の戒律を受けるのです。そもそも三帰戒を受けなければ仏教者ともいえないのでありますから、これらの三宝に帰依するところから他の戒を受けるという意味が成り立つというのです。

日本でも、聖武天皇が興福寺の僧、普照、栄叡《ようえい》を中国に派遣し、その招請に応じて、鑑真和上が五回も失敗しながら、十二年の歳月を要してやっとの思いで日本にやって来られたのも、正しい授戒が行われなければ、正式の仏弟子になることはできないという強い信

仰に基づいていたのです。(30)

なお戒というと何か固くるしいものと思われるかも知れませんが、戒とは己の心を戒め慎むことによって、あまりにも奔放になってふしだらな行為に陥らないようにする根源的契機です。すなわち、戒とは自制心や克己心の源泉なのです。この世の中にはどの社会においても、犯してはならないものがあり、守るべき真理・法があり、国には憲法があり、会社には規則があり、他にも民法・刑法とか政令・条例とか、あるいは道徳的命法とか、あるいは宗教儀礼、あるいは社会習慣とかたくさんの約束事があります。それらはとにかく社会の平和を乱さないために守るべき約束事であります。仏教者の約束事を特に戒と名づけるわけです。戒とは自己に対する戒めであり、それを文章化したものが律なのです。

第十四節　三宝への帰依こそ最尊最上の功徳である――受戒入位4

此帰依仏法僧《このきえぶっぽうそう》の功徳《くどく》、必《かなら》ず感応道交《かんのうどうこう》するとき成就《じょうじゅう》するなり、設《たと》い天上人間地獄《てんじょうにんげんじごく》鬼畜《きちく》なりと雖《いえど》も、感応道交《かんのうどうこう》すれば必《かなら》ず帰依《きえ》し奉《たてまつ》るなり、已《すで》に帰依《きえ》し奉《たてまつ》るが如《ごと》きは生生《しょうしょう》世世《せせ》在在処処《ざいざいしょしょ》に増長《ぞうちょう》し、必《かなら》ず積功累徳《しゃくくるいとく》し、阿耨多羅三藐三菩提《あのくたらさんみゃくさんぼだい》を成就《じょうじゅう》するなり、知《し》るべし三帰《さんき》の功徳《くどく》其れ最尊最上《さいそんさいじょう》甚深不可思議《じんじんふかしぎ》なりということ、世尊《せそん》已《すで》に証明《しようみよう》しましします、衆生《しゆじよう》当《まさ》に信受《しんじゆ》すべし。

「此帰依《このきえ》仏法僧《ぶつぽうそう》の功徳《くどく》、必《かなら》ず感応道交《かんのうどうこう》するとき成就《じようじゆう》するなり」（「帰依仏法僧宝」Ⅳ255）。

すなわち、「此帰依仏法僧の功徳は必ず感応道交するとき実現されるものである」といわれるのです。「感」とは、仏菩薩の加被力《かびりき》（仏から衆生に加えられる一種の力、加備力、威力）」を感ずることです。「応」とは、「仏菩薩が衆生の要請に応じ赴くこと」です。要するに、衆生の心が仏菩薩の心に通じ、仏菩薩の心を衆生の心が感ずることです。『法華玄義』（六、上）によれば、感応には、「冥機冥応・冥機顕応・顕機顕応・顕機冥応」の四種があるとされます。「おろかなる人天《にんでん》、なほまことを感ずるおもひあり。諸仏の正法、いかでかまことに感応《かんのう》するあはれみなからん（たとえおろかな人間や天人であっても、彼らもまた仏菩薩の心を感ずる心があるのであり、ましていわんや諸仏の側においても衆生の仏心に応答する慈悲の心が無いといえようか、必ずあるのである）」（「礼拝得髄」Ⅱ168）。

「感応道交」とは、「①衆生の機感（感ずる働き）と仏菩薩の応赴《おうふ》（応答する働き）とが相通じること、②師と弟子との機が互いに相投合すること」です。わかりやすくいえば、「人びとの仏を求める心と、それに応える仏の心とが互いに通じ合うこと」です。要するに、双方が相互に応答し合い響き合うことです(31)。

「この心は、法界《ほふかい》に周遍せるにあらず。前《ぜん》にあらず、後《ご》にあらず。なきにあらず。自性《じしやう》にあらず、他性《たしやう》にあらず。共性《ぐうしやう》にあらず、無因性にあらず。しかあれども、感応道交《かんのうだうかう》するところに、発菩提心するなり」（「発菩提心」Ⅳ177～178）。

すなわち、この発菩提心というものは、世界の到るところに物質的事物のように周《あまね》く行き渡っているのではなく、だから前にあるのでもなく、後にあるのでもなく、そもそも有るとさえいわれえず、まして無いともいえず、また自己の性質でもなく、他者の性質でもなく、自他共同の性質でもなく、原因無しに存在する性質でなく、ただひたすら菩提を求める心をもってこの心を発動するのです、つまり、静的な物の性質ではなく、動的な働き・動きそのものであるのです。

ここで道元禅師が、「……にあらず……にあらず」といわれるのは、ただひたすらに、そのときそのときにおいて自己が自己の行為に徹底するからこそ、意識や認識といった反省的次元に身を置くのではなく、ひたすら自己の行為に徹底することに最大の意義があることを表現しているのです。そのような働きが可能になるのはひとえに、純粋な菩提心の発動以外にないのです。菩提心はたんなる心の思いではなく、文字通り発動すなわち全身全霊的な働きでなければならないのです。

「設《たと》い天上《てんじやう》人間地獄《にんげんじごくき》鬼畜《ちく》なりと雖《いえど》も、感応道交《かんのうどうこう》すれば必《かなら》ず帰依《きえ》し奉《たてまつ》るなり」（「帰依仏法僧宝」Ⅳ255)。

よしんば天上世界の住人、人間世界の住人、地獄世界の住人、餓鬼や畜生というような悟りの不十分な存在者であっても、上に述べたような求める心と応ずる心とが不二一体的に合致する場合においては、仏法僧の三宝に帰依し奉ることができるのです。ここで、仏教でいう十界すなわち「地獄・餓鬼・畜生・修羅・人間・天上・声聞・縁覚・菩薩・仏」とは、悟りの程度・段階の差違であって、存在者の差別思想と受け取ってはならないのです。あくまで悟りの段階の比喩と受け取るべきです。それが最初の「設（たとい）」という言葉です。設《たと》いとは「その条件を備えたらとの意から仮定をあらわす」（『漢和大辞典』学習研究社）言葉です。

「已《すで》に帰依《きえ》し奉《たてまつ》るが如《ごと》きは生生《しょうしょう》世世《せせ》在在処処《ざいざいしょしょ》に増長《ぞうちょう》し、必《かなら》ず積功累徳《しゃっくるいとく》し、阿《あ》耨多羅《のくたら》三《さん》藐三菩提《みゃくさんぼだい》を成就《じょうじゅう》するなり」（「帰依仏法僧宝」Ⅳ255〜256）。

第十四節冒頭からこの「已に帰依し奉るが如きは生生世世在在処処に増長し、必ず積功累徳し、阿耨多羅三藐三菩提を成就するなり」までは、一続きの『正法眼蔵』「帰依仏法僧宝」（Ⅳ255〜256）から採用されたものです。「生生《しょうしょう》」とは、来生と来世、尽未来際《じんみらいさい》（無限の未来）のこと。生まれ変わり死に変わりして、未来幾万世を経ること。たとえば「今生より乃至生々をつくして正法をきくことあらん」（「渓声山色」Ⅱ117）といわれます。「在在処処」とは、「到るところ」ということ。それは、「たとえば、満月が到るところに何処にも現れて、城下町であろうと村落であろうと、山や谷川であろうと水中であろうと、もしくは池、もしくは井戸、もしくは瓦、もしくは鏡、どんなもののもとにおいてもみなことごとく現れるようなものです（喩如二満月一切悉現、在在処処、城邑聚落、山沢水中、若井、若池、若瓦、若鏡、一切皆現一」（『涅槃経』九）。

以上述べたような理由で、すでに仏法僧の三宝に帰依し奉る人間は、生まれ変わり死に変わりして、未来幾万世を経ても、かつ到るところにおいても、その功徳が増加拡大して、その功徳を積み上げ重ね合わせて、アノクタラサンミャクサンボダイ（anuttarā-samyak-sambodhiḥ＝無上正遍知、無上正真道、無上正等正覚）、すなわち、最高の悟り、この上ない悟りに到達するのです。

「知《し》るべし三帰《さんき》の功徳《くどく》其《そ》れ最尊最上《さいそんさいじょう》甚深不可思議《じんじんふかしぎ》なりということ、世尊《せそん》已《すで》に証明《しょうみょう》しましささ、衆生《しゅじょう》当《まさ》に信受《しんじゅ》すべし」（「帰依仏法僧宝」Ⅳ268〜269）。

ところで、「三帰の功徳其れ最尊最上」ということは、人間に生まれて何が尊く何がすぐれているかというと、本当は娑婆世界で出世していわゆる「えらい人」になることでは決してなくて、仏の道に目覚めて、仏の教えに従って時々刻々日々夜々に自らの生き方を導いていくことなのです。本当の意味で何が幸福かといって、いつでもどこでも百点満点の行為をされる最尊最高の存在者である御仏《みほとけ》に仕え、御仏に導かれて生きていくこと以上に幸福なことがあるわけがないのです。そのことを、ここでは「信受（信仰受持／受用）」というのです。ちなみに、『正法眼蔵』では、道元禅師は「信受」という言葉を、二十九回使われ、その多くは「信受すべし」という当為的な表現となっているのです。[32]

ところで、道元門下における「信受」は、他宗派における「信決定」とはいささか異なっています。たとえば、天台宗では、十信《じっしん》・十住《じゅうじゅう》・十行《じゅうぎょう》・十回向《じゅうえこう》・十地《じゅうじ》・等覚《とうかく》・妙覚《みょうかく》の五十二位を立て、十信の最後第十信位が信決定であり、そのあと十住から修行が続くといわれます。また浄土真宗では、もっぱら信決定のみが強調されがちです。しかるに、道元禅師における信は「信受」すなわち、釈尊の教えを信奉し、その教えを受持することであり、さらに「信受奉行《しんじゅぶぎょう》」の言葉に明らかなように、信は、最終的には釈尊の教えをしっかりと信じて受け止め、それを身をもって奉じ行うこと、実践躬行《きゅうこう》することでなければならないのです。ここまで来てはじめて「信仰は山をも動かす」[33]ということができるはずです。

ちなみに、道元禅師は『学道用心集』「道に向かって修行すべき事」において、「仏道を修行する者は先づ須らく仏道を信ずべし。仏道を信ずる者は須らく本《もと》道中に在って、迷惑せず、顛倒せず、増減無く、誤謬無しといふことを信ずべし」と提唱されています。[34]何事も信じてやらなければ、物事を遂行し貫徹する力もエネルギーも湧いてこないで、結局はしりすぼみするのです。

これに対し、道元禅師のもとでは、この信受がそのまま阿耨多羅三藐三菩提の成就、仏の悟り、仏果の成就と定めるのです。道元禅師は「初めて発心するときが、すなわち正しい悟りを成就するのである（初発心時便成正覚）」と喝破されています。このことは、三聚浄戒・十重禁戒を受けた後の文に「受戒するが如きは、三世の諸仏の所証なる阿耨多羅三藐三菩提金剛不壊の仏果を証するなり」の文言、および上記の文に続く『梵網経』の引用文としての「衆生《しゅじょう》仏戒《ぶっかい》を受《う》くれば、即《すなわ》ち諸仏《しょぶつ》の位《くらい》に入《い》る、位大覚《くらいだいがく》に同《おなじ》うし已《おわ》る、真《まこと》に是《こ》れ諸仏《しょぶつ》の子《みこ》なり」がそのことを明瞭に示しているのです。

第十五節　三つの誓願と十項目の行動指針——受戒入位5

次《つぎ》には応《まさ》に三聚浄戒《さんじゅじょうかい》を受《う》け奉《たてまつ》るべし、第一摂律儀戒《だいいちしょうりつぎかい》、第二摂善法戒《だいにしょうぜんぼうかい》、第三摂衆生戒《だいさんしょうしゅじょうかい》なり、次《つぎ》には応《まさ》に十重禁戒《じゅうじゅうきんかい》を受《う》け奉《たてまつ》るべし、第一不殺生戒《だいいちふせつしょうかい》、第二不偸盗戒《だいにふちゅうとうかい》、第三不邪淫戒《だいさんふじゃいんかい》、第四不妄語戒《だいしふもうごかい》、第五不酤酒戒《だいごふこしゅかい》、第六不説過戒《だいろくふせつかかい》、第七不自讃毀佗戒《だいしちふじさんきたかい》、第八不慳法財戒《だいはちふけんほうざいかい》、第九不瞋恚戒《だいくふしんいかい》、第十不謗三宝戒《だいじゅうふぼうさんぼうかい》、上来三帰《じょうらいさんき》、三聚浄戒《さんじゅじょうかい》、十重禁戒《じゅうじゅうきんかい》、是《こ》れ諸仏《しょぶつ》の受持《じゅじ》したまう所《ところ》なり。

この第十五節は、もともとは『梵網経』の文言を、道元禅師が『仏祖正伝菩薩戒教授戒文』（『教授戒文』と略す）としてまとめたもので、『正法眼蔵』の「受戒」の巻（Ⅳ106〜116）にも詳しい説明が展開されています。

ところで仏教の各宗派は、それぞれ受戒の作法を持っていますが、そのほとんどが入門の誓約であって、受戒の後に各宗派の修行を積むことが義務づけられ、それを終えてはじめて成仏の印証（印可証明の略）すなわち悟りの証明が与えられるのです。ところが、道元門下では、『梵網経』の趣旨である「衆生仏戒を受くれば、即ち諸仏の位《くらい》に入《い》る」[35]という教えをそのまま信受奉行して、受戒即入位、受戒即成仏を正面切って説くのです。その根拠は、道元禅師が受戒を悟りの実践（証上の修、本証の妙修）として位置づけていることにあります。すなわち、戒を受けようとしているほどの人間は、すでにそれだけ悟りの大きな船に乗っているのです。言い換えれば、坐禅する人は、あるいは坐禅できる人は、それだけ悟りの衣に包まれているからこそ、坐禅をすることができるのです。

坐禅はやる気を起こせば誰でも簡単にできるのですが、世の中を見ると、それほど多くの人びとが坐禅するというわけでもありません。ともかく坐禅という、己の身体でもって即座に仏の姿を再現し、仏の行を護持することのできる修行を知らない人が実に多いのです。坐禅は仏のまねです。まねも三日が一週間、一週間が一か月、一か月が三か月、三か月が半年、半年が一年、一年が三年、三年が十年も続くとたいしたものです。なぜなら、坐禅の中には、すべての戒が含まれているからです。だから、仏教者にとっては、まず坐禅することが大変重要なことです。

ところで、最初の宗教入門の段階として、仏教には受（授）戒があり、キリスト教には洗礼があります。仏教の戒には、三帰、三聚浄戒、十重禁戒の十六条戒があります。仏法僧の三帰については、前節でお話ししましたので、今回はまず、三聚浄戒、第一摂律儀戒《だいいちしょうりつぎかい》、第二摂善法戒《だいにしょうぜんぼうかい》、第三摂衆生戒《だいさんしょうしゅじょうかい》についてお話しします。三聚浄戒における「三聚《さんじゅ》」とは、修道上の見地から衆生を三種にわけたものであり、三定聚《さんじょうじゅ》（必ず証悟すると決定している正定聚、決して証悟しない邪定聚・邪性定聚、両者以外または両者の中間の者で進退が定まらない不定聚）ともいうのです。

三聚浄戒とは、衆生が身を清らかに保つために必要不可欠の戒律であり、第一摂律儀戒とは、一切の悪不善を行わないこと（防止非悪の戒）で、在家出家の七種戒はすべてこれに属するのです。「摂（セツ・ショウ）」とは、「とる、ひく・ひきよせる・ひきつける、おさめる、たすける、かわる等々」の意味を持つ漢字です。この三聚浄戒では、それは「おさめる／たすける」ぐらいの意味にとるべき言葉です。ところでこの第一摂律儀戒だけでは形式的規律的な戒法にすぎません。第二摂善法戒、第三摂衆生戒が加わってはじめて三聚浄戒が内容豊かな戒法となるのです。摂善法戒は一切の福善を行うことであって、摂律儀戒が消極的なものであるのに対して、摂善法戒と摂衆生戒とは積極的な戒です。摂衆生戒とは一切の衆生を摂受して救済利益することで、最初の二つが自利行であるのに対して、これは利他行です。曹洞宗では、出家受戒または一般の授戒に際して、三帰戒の次にこの三聚浄戒を授け、最後に十重禁戒を授けるので、これらのすべてを十六条戒とも呼ぶのです。

三聚浄戒は『教授戒文』ではおよそ次のようにまとめられています[36]。

第一に「摂律儀戒は、諸仏法律の窟宅（住居・住処）とする所なり、諸仏法律の根源とする所なり（諸仏法律所㆓窟宅㆒也、諸仏法律所㆓根源㆒也）」と意味づけられています。非常に義理堅い人間のことを意味する「律儀者」という言葉から連想されますように、「律儀」とは、守るべきもの、遵守すべきものの総体であり、一切の悪を断ち切る（諸悪莫作）という決意を必要としています。したがって、「摂律儀戒」とは、「堅く戒法を護持して、威儀をととのえ、一切の悪は断じてしない」という精神を意味するものです。

第二に「摂善法戒は、三藐三菩提《さんみやくさんぼだい》の法、能行所行の道なり（三藐三菩提法、能行所行道也）」と定義されています。「三藐三菩提《さんみやくさんぼだい》」とはもちろん「阿耨多羅三藐三菩提」の略であり、この上ない最高の悟りとしての「無上正遍智、無上正等正覚」のことです。すなわち、摂善法戒は、あらゆる機会を捉えて善を促進し実現すること（衆善奉行）を命令するものであり、これこそまさに、最高の悟りをもたらす真理であり、すべての行為の正道なのです。

第三に「摂衆生戒は、凡を超え聖を越え、自らを度し、他を度すなり（超レ凡越レ聖、度レ自度レ他也）」と定義されています。仏教の眼目は、一切衆生を救うことにありますが、凡夫であろうと、聖人であろうと、すべての衆生を済度しようとしなければならず、すなわち、自他共に分け隔てなく救うという誓願を持たないような行為は、仏教者の行為とはいえないわけです。

これまで述べて参りました「悪の阻止」と「善の促進」とは、一つのことの表裏をなすものであり、そしてこれら二つのことが本当になされているならば、それがまさしく一切衆生を利益することになってくるのです。三者は一体です。どの一つが欠けていても、そのような行為は不完全なものです。三項目の実践はつねに仏教徒の基本的誓願でなければなりません。

「次《つぎ》には応《まさ》に十重禁戒《じゅうじゅうきんかい》を受《う》け奉《たてまつ》るべし、第一不殺生戒《だいいちふせっしょうかい》、第二不偸盗戒《だいにふちゅうとうかい》、第三不邪淫戒《だいさんふじゃいんかい》、第四不妄語戒《だいしふもうごかい》、第五不酤酒戒《だいごふこしゅかい》、第六不説過戒《だいろくふせっかかい》、第七不自讃毀佗戒《だいしちふじさんきたかい》、第八不慳法財戒《だいはちふけんほうざいかい》、第九《だいく》不瞋恚戒《ふしんにかい》、第十不謗三宝戒《だいじゅうふぼうさんぼうかい》なり（『教授戒文』、「受戒」Ⅳ111～114参照）、上来三帰《じょうらいさんき》、三聚浄《さんじゅじょう》戒《かい》、十重《じゅうじゅう》禁戒《きんかい》、是《こ》れ諸仏《しょぶつ》の受持《じゅじ》したまう所《ところ》なり」（「受戒」Ⅳ115参照）。

十重禁戒とは、仏祖が正しく伝えたとされる十箇条の重要な禁戒です。道元禅師の『正法眼蔵』「受戒」の巻と、『梵網経』とでは文字が若干異なっているのですが、意義は異なるものではありません。

まず、第一不殺生戒とは、生き物、なかんずく人間を殺してはならないという戒めです。近頃の世相においては本当にこの不殺生戒がしばしば無視されています。

第二不偸盗戒とは、他人のものを盗んではならないという戒めです。私たち人間はややもすると人のものがほしくなります。本当に取らないまでも、心の中でほしくなって盗めないと、途端に他人の悪口を言うことがしばしばあります。

第三不邪淫戒とは、淫欲をつつしまなければならないという戒めです。明治以後においては、日本の坊さんはほとんどが神官と同様に、結婚し子どももなしているので、厳密な意味では出家とはいえず、実質的には在家ですが、中国や韓国では坊さんは、カトリックの神父さんと同様に、結婚しないというふうに聞いています。在家としては、不倫とか浮気は慎むことも不邪淫戒の実践となります。

第四不妄語戒とは、間違い、でたらめ、嘘など不誠実なことを言ってはならないという戒めです。

第五不酤酒戒とは、酒を売ってはならないという戒めです。これは、文字通りに受け取ると酒屋禁止ということになりますが、むしろ、酒を飲み過ぎると、泥酔して居眠り運転、人身《じんしん》事故を起こすように、限度を超えた飲酒のような害毒を人びとの間にまき散らしてはならないというふうに受け取るべきだと私は考えます。

第六不説過戒とは、他人の間違いや欠点をことさらに言い立てたりしてはならないという戒めです。

第七不自讃毀佗戒とは、自分のことを褒め、他人のことを悪く言ってはならないという戒めです。そもそも自分ばかり褒める人のそばにいると嫌気がして生理的嫌悪感を覚えるものです。

第八不慳法財戒とは、ものでも心でも言葉でも、人に施すことを惜しんではならないという戒めです。人に物でも言葉でも与える行為は布施行ですが、布施を怠ってはならないということです。檀家とは、もともとは、檀那というサンスクリット「ダーナ（dāna）」、すなわち「与えること、布施」という言葉に連関したものです。まさしく「布施というは貪らざるなり、我がものにあらざれども布施を障《さ》へざる道理あり。其物《そのもの》の軽《かろ》きを嫌わず、其功《そのこう》の実なるべきなり」ということです。

第九不瞋恚戒とは、わけもなく、むやみやたらと怒ってはならないという戒めです。

第十不謗三宝戒とは、仏法僧の三宝を誹謗してはならないという戒めです。

十重禁戒は、それを冒すと罪が重いことからそのように名づけられているのです。これに比較して冒しても（たとえば、「師友を敬わない」とか「酒を飲む」とか「肉を食う」とか）罪が比較的に軽いので「四十八軽戒《しじゅうはちきょうかい》」といわれるものがあります。

そういうわけで、「上来三帰《じょうらいさんき》、三聚浄戒《さんじゅじょうかい》、十重禁戒《じゅうじゅうきんかい》、是《こ》れ諸仏《しょぶつ》の受持《じゅじ》したまう所《ところ》なり」（「受戒」Ⅳ115）となります。これら三帰・三聚浄戒・十重禁戒が、大乗菩薩戒としての十六条戒です。ところで、これらの戒は、常に百点満点で守れるかというと、私たち凡夫にとってはそれはなかなか難しい。そういう意味で、戒は必ず犯すものでもあり、そこで破戒ということと持戒ということとは表裏一体なのです。戒の自覚が無いものには破戒ということさえ成り立たないのです。破戒といえるのはまさしく戒を意識しているからです。このごろは殺人犯で捕まっても平然と人の前に顔をさらしている人が多くなりましたけれども、そういうものには破戒の自覚さえないのであり、要するに戒とは縁のない人はなかなか救いようがないのです。破戒の意識がある人はまだ仏性に目覚めるべき可能性が残っており、その限りにおいて、まだ救われる余地が残っているのです。

これらの十六条戒は、凡夫は常に犯す危険性を持っているものです。そのかぎりにおいて、これらの戒は常に人間によって犯されつつ守られているものです。したがって、これらの十重禁戒は、むしろ適度の禁欲を奨めるものと解釈することもできます。

人間は、動物植物等の命を頂きながら、生きながらえているものです。つねに食べる物、着る物、住むところを天地自然の恵みによってその恩恵に浴しつつ、その命を頂きつつ人間の命は成り立っています。そういう意味で、適度に自らの欲望を制しつつ、慎ましやかに生きることこそが、これらの戒を守ることでもあるのです。人類の未来にとって必要不可欠とされている、環境に優しい生き方とはまさしくこういう行動指針に基づいた生活態度・姿勢を必要としています。

第十六節　仏のみ子の自覚としての受戒 ―― 受戒入位6

受戒《じゅかい》するが如《ごと》きは、三世《さんぜ》の諸仏《しょぶつ》の所証《しょしょう》なる阿耨多羅三藐三菩提金剛不壊《あのくたらさんみゃくさんぼだいこんごうふえ》の仏果《ぶつか》を証《しょう》するなり、誰《たれ》の智人《ちにん》か欣求《ごんぐ》せざらん、世尊明《せそんあき》らかに一切衆生《いっさいしゅじょう》の為《ため》に示《しめ》しまします、衆生　仏戒《しゅじょうぶっかい》を受《う》くれば、即《すなわ》ち諸仏《しょぶつ》の位《くらい》に入《い》る、位大覚《くらいだいがく》に同《おな》うし已《おわ》る、真《まこと》に是《こ》れ諸仏《しょぶつ》の子《みこ》なりと。

「受戒《じゅかい》するが如《ごと》きは、三世《さんぜ》の諸仏《しょぶつ》の所証《しょしょう》なる阿耨多羅三藐　三菩提金剛不壊《あのくたらさんみゃくさんぼだいこんごうふえ》の仏果《ぶつか》を証《しょう》するなり、誰《たれ》の智人《ちにん》か欣求《ごんぐ》せざらん」（「帰依仏法僧宝」Ⅳ262）。

戒を受けるということは、諸仏と同じ世界に入り、諸仏に習って諸仏に近づく修行を営むという覚悟ができたことを意味します。今の日本では、残念ながら多くの場合、お葬式の時にはじめて受戒の儀式が行われますが、本当は生きている者自身が戒を受けて、上記の十六条戒を自らの生活規範ならびに行動規範として自ら自身で真摯に受け取らなければなりません。

「上来三帰《じょうらいさんき》、三聚浄戒《さんじゅじょうかい》、十重禁戒《じゅうじゅうきんかい》、是《こ》れ諸仏《しょぶつ》の受持《じゅじ》したまう所《ところ》なり」（「受戒」Ⅳ115）。

すなわち、厳密な意味で十六条戒を自らの事柄として真摯に受け取り維持し続けている存在を諸仏と呼ぶのです。だから、そのような十六条戒を自らの行為において実行している、過去現在未来の諸仏は、皆ことごとく、その行為によってこの上ない上等な、最高最尊の悟りである阿耨多羅三藐三菩提、言い換えるとダイヤモンドのように叩いても壊れない堅固な仏の悟りの成果を実証しつつあるのです。こういう次第ですので、もし本当に智慧ある人ならば、そのことを望まないということがありえようか、決してありえないのです。

仏教においては、何をおいてもこの智慧が必要です。それは学問的知識（knowledge）でもなく、実践的技術（technique）でもなく、政治的策略（policy）でもないのです。人間が生きて行くためには、もちろん知識も技術も政策も必要不可欠です。しかし、これらの知識や技術や政策の根底に本当の智慧がなければ、どちらに向かって用いるのやら、何のために用いるのやらわからなくなって、極めて危険な状態に陥るでしょう。原子力研究や核開発もその根底に善良な智慧なしには最も危険なものとなります。正しい智慧のない人、あるいは浅知恵によって行為する人が、これらの危ない知識と技術と政策に振り回されると不安と混乱を引き起こします。まして悪知恵がある人がこれらの武器を用いるときははなはだ危険です。

仏教の目的は畢竟《ひっきょう》するに「正智開発」すなわち正しい智慧の開発以外の何ものでもないのです。山を切り開いてゴルフ場を作るのは開発ではなくて、環境破壊です。あくまで心の田圃《たんぼ》を開発して正しい真の智慧を開発しなければなりません。すべてのものが空であることを見抜く「般若」の智慧であってこそ、はじめて智慧とも正智とも呼ばれうるのです。しかも般若心経でいわれるような「摩訶般若」すなわち「大きな智慧」でなければならず、それは正真正銘の智慧すなわち「正智」であって、決して「浅知恵」でも「悪知恵」でも「小知恵」でもありません。この智慧を得れば、一機一境に煩わされることなく、常に落ち着いて冷静に考え行動することができるのです。なぜなら、すべての物の空性と無常を洞察する般若の智慧を得れば、私たちは、両極端に陥ることもなく、過不足なく、真の中道を行くことができるからです。二元論的な是非善悪に陥るのは大抵は偏見に囚われているからです。真の中道は、弓を射た時に矢が的《まと》に命中するようなものです。的確・適格とか適切・適当とは決して、いい加減中途半端な状態ではなくて、まさしく頂点を極めるという意味での正鵠《せいこく》を射ることなのです。

「世尊明《せそんあき》らかに一切衆生《いっさいしゅじょう》の為《ため》に示《しめ》しまします（「帰依仏法僧宝」Ⅳ262）、衆生仏戒《しゅじょうぶっかい》を受《う》くれば、即《すなわ》ち諸仏《しょぶつ》の位《くらい》に入《い》る、位大覚《くらいだいがく》に同《おな》うし已《おわ》る、真《まこと》に是《こ》れ諸仏《しょぶつ》の子《みこ》なりと」（『梵網経』）。

だからこそ、釈迦牟尼仏世尊は一切衆生のために次のように提示されたのです。衆生がこれらの十六条に代表される仏の戒を受ければ、諸仏と同じ世界に入り得たのであり、諸仏の悟りとしての「大きな覚り、大人の覚り」たる「大覚」を得たのと同じ位階の世界に入ったのです。だから、諸仏の子どもとなったのであります。

ところで、ここの文章は、もともと『梵網経』下巻「盧舎那《るしゃな》仏説《ぶっせつ》菩薩《ぼさつ》心地《しんち》法門品《ほうもんぼん》」第十にでてくる言葉です。その原文は「衆生受㆓仏戒㆒、即入㆓諸仏位㆒、位同㆓大覚㆒已、真是諸仏子」となっています。そして、戒を受けて仏弟子となった人は在家出家を問わず誰でも、月の十五日と晦日《みそか》（陰暦では二十九日の月と三十日の月とがある）に最寄りの精舎《しょうじゃ》（お寺）に集まって、指導者の読誦する十重四十八軽戒《きょうかい》を聞いて、半月の間、仏弟子として戒法を犯さなかったかどうかを確認し、犯した人は懺悔して清浄になって、次の十五日を過ごすというのが仏弟子の決まりだったのです。この懺悔の式を「布薩《ふさつ》」と呼んでおり、現在の曹洞宗では月二回のそれは略布薩、年一回の正式のそれは大布薩として区別して行われております。

仏教では、人は誰でも仏になる資格を持っています（『涅槃経』「一切衆生悉有仏性」）。もちろん完成された仏の姿に比べて、今のこの自分はあまりにもお粗末です。にもかかわらず、この世に生きている私たち衆生はみな仏の子であり、仏の子としての修行をすると必ず仏になるというのが仏教の教えであります。このことを確認する儀式が授戒（受戒）です。仏様からみれば授ける戒であり、私たち衆生からみれば受ける戒です。ちなみに、『法華経』の七つの比喩の一つとしての「長者窮子《ちょうじやぐうじ》」の話は、本当は長者の子どもなのに、そのことを知らずあちこちとさまよい歩いているのと同様に、私たちが本来は仏の子であるのにまったく気がつかないままであるので、仏の方から救いの手だてを尽くして、そのことに気づかせるために説かれたものです。

同じ『法華経』の「譬喩品《ひゆぼん》」では、「今此の三界は是れ吾が有《もの》なり。その中の衆生は悉く是れ吾が子なり」とあります。仏様からみれば、私たち衆生はみな仏の子であるのに、私たち衆生が気がつかないだけであり、勝手に仏から遠ざかっているだけであるということです。私たちがみな仏の子どもであるということを気づかせてくれるものがまさしく戒というものです。私たちはあまりにも長い間凡夫生活に浸り込んでいますので、仏様の行動規範すなわち戒を忘れています。現在の世界はしばしば悲しい事件が起こりますが、それはまさしく犯罪を犯す人びとがこの持戒の精神を忘れているからです。己を慎ましく戒めていく自制心が乏しいところで、もろもろの殺人行為や強盗事件や放火事件などが起こってしまうわけです。「きれる」ということがよくいわれていますが、まことに危ない世の中になってしまいました。今一度、私たちはこの己の自制心を取り戻すべく、受戒ないしは持戒の精神を想起しなければなりません。本当に仏の子どもであろうとすれば、かくのごとき覚悟が必要であるということになります。

第十七節　世界のすべては仏の声と姿の現れである――受戒入位7

諸仏《しょぶつ》の常《つね》に此中《このなか》に住持《じゅうじ》たる、各各《かくかく》の方面《ほうめん》に知覚《ちかく》を遺《のこ》さず、群生《ぐんじょう》の長《とこしな》えに此中《このなか》に使用《しよう》する、各各《かくかく》の知覚《ちかく》に方面露《ほうめんあらわ》れず、是時十方法界《このときじっぽうほっかい》の土地《とち》草木墻壁瓦礫皆仏事《そうもくしょうへきがりゃくみなぶつじ》を作《な》すを以《もっ》て、其起《そのおこ》す所《ところ》の風水《ふうすい》の利益《りやく》に預《あずか》る輩《ともがら》、皆甚妙不可思議《みなじんみょうふかしぎ》の仏化《ぶつけ》に冥資《みょうし》せられて親《ちか》き悟《さとり》を顕《あら》わす、是《これ》を無為《むい》の功徳《くどく》とす、是《これ》を無作《むさ》の功徳《くどく》とす、是《こ》れ発菩提心《ほつぼだいしん》なり。(37)

「諸仏《しよぶつ》の常《つね》に此中《このなか》に住持《じゆうじ》たる、各各《かくかく》の方面《ほうめん》に知覚《ちかく》を遺《のこ》さず、群生《ぐんじよう》の長《とこしな》えに此中《このなか》に使用《しよう》する、各各《かくかく》の知覚《ちかく》に方面露《ほうめんあらわ》れず」（「弁道話」Ⅰ11～12）。

この一節ならびに以下の一節もともに『正法眼蔵』「弁道話」の冒頭近くの文章の採用ですが、そもそも「弁道話」の冒頭は以下のようになっているのです。

「諸仏如来、ともに妙法を単伝して、阿耨菩提《あのくぼだい》を証《しよう》するに、最上無為《むゐ》の妙術あり。これたゞ、ほとけ仏《ほとけ》にさづけてよこしまなることなきは、すなはち自受用三昧《じじゆうざんまい》(38)、その標準なり。

この三昧に遊化《ゆけ》するに、端坐参禅を正門《しやうもん》とせり。この法は、人々《にんにん》の分上《ぶんじやう》にゆたかにそなはれりといへども、いまだ修《しゆ》せざるにはあらはれず、証せざるにはうることなし。はなてばてにみてり、一多のきはならむや。かたればくちにみつ、縦横《じゆうわう》きはまりなし。諸仏のつねにこのなかに住持《ぢゆうぢ》たる、各々《かくかく》の方面に知覚をのこさず。群生《ぐんじやう》のとこしなへにこのなかに使用《しよう》する、各々の知覚に方面あらはれず。

いまをしふる功夫弁道《くふうべんだう》は、証上に万法をあらしめ、出路に一如《いちによ》を行ずるなり。その超《てう》関《くわん》脱落のとき、この節目《せちもく》にかゝはらむや」（「弁道話」Ⅰ11～12）。

すなわち、当面の『修証義』の文章の意味は、「諸仏は常にこの坐禅という自受用三昧（自己自らが享受し使用する三昧）の中に住持（居住、護持）して働き続けているが、にもかかわらずどちらの方面においてもその意識にとらわれることがなく、これに対して一切衆生の方はいつもこの三昧の中で自ら使用している意識に関して、それがどちらの方面に用いられているのか無意識のままである」ということです。

この境地を、道元禅師は「水鳥のゆくもかえるもあとたへてされども道は忘れざりけり」(応無所住而生其心)と詠まれています。諸仏は、ちょうど水鳥が、一定の軌道があるわけではないけれども、自由自在に自らの行くべき道を少しも忘れることなく、悠々と水面を泳ぐように、何のわだかまりもなく自由自在に振る舞うのです。それは人間的な思慮分別を跳び越えています。人間的思慮分別の範疇を超越しているのが諸仏の智慧です。これに対して、一切衆生は、仏の慈悲に包まれていろいろの意識活動を展開していますが、それがどの方面に立ち向かっているのかを知っているわけではないのです。

たとえば、私たちがこの世に生きているのは、無量無辺の天地の恵み(諸仏)に守られて生きているのですが、私たちは一々それを知覚できません。私たちは、このように諸仏の働きを知らないけれども、諸仏の働きによって生かされているのであり、知覚することがなくても生きられます。このように諸仏はいつでもどこでも無限の慈悲を働かせておいでになるのですが、だからといってわしのお陰でおまえらは生きているのだとおっしゃらない。「諸仏のまさしく諸仏なるときは、自己は諸仏なりと覚知することをもちゐず。しかあれども証仏なり、仏を証しもてゆく」(「現成公案」Ⅰ54)ということです。

私たちは坐禅するとき、とてもこの姿と姿勢がそのままで仏様とは思えません。しかしそう思ってしまうと、もう天狗であって仏様の境地にはないのです。これを「染汚《ぜんな》」というのです[39]。自己が仏様などとは思えなくても、一心不乱に坐禅している姿がまさしく仏の真実が現れているのです。凡夫としての人間ができることは坐禅という行仏しかありません。誰が坐禅しても、すなわちそれが仏の練習であります。人間が仏様の姿形としての坐禅を行ずるということは、大変なことなのです。人間でありながら、人間を超えた仏の姿形を実現しようとしている尊い姿なのです。坐禅は人間ができる最も美しく最も高貴な姿です。行によって仏を目の当たりに行じていくしかないのが人間の立場です。

そもそも仏の功徳は、人間が人間的凡夫的な了見でいる限りは、把握不可能であり、口でいいきれるものではなく、また心で思い馳せられないものなのです。諸仏の功徳と境地はとても人間の知覚で捉えきれるものではありません（「諸仏の常にこの中に住持たる各各の方面に知覚を残さず」）。人間はそういった仏の恩恵によって生かされているのですが、それが一体仏のどのような功徳なのか、どのような働きなのか、人間の知見解会では捉え切れません（「群生の長《とこしな》えにこの中に使用する各各の知覚に方面現れず」）。

このことを、道元禅師は、『正法眼蔵』「現成公案」の巻において、「得処《とくしよ》かならず自己の知見《ちけん》となりて、慮知《りよち》にしられんずるとならふことなかれ。証究《しようきう》すみやかに現成《げんじやう》すといへども、密有《みつう》かならずしも現成《げんじやう》にあらず、見成これ何必《かひつ》なり」（「現成公案」Ⅰ59）、すなわち、自らが会得したことが、すべて自己の知るところとなって、思慮分別によって捉えられると思ってはならない、と書かれています。自らが実証し参究したことは現成（現前成就）するけれども、密有（外面的には隠れている秘密裏の内奥的存在）が必ずしも現成するわけでもなく、現成するものもしかじかかくかくであると限定されるわけでもない（「何ぞ必ずしも」）のです。

なおここで、『正法眼蔵』の中で最も重要な思想の一つとしての「現成公案」の考え方に言及しておきます。「現成」とは、なにごとも隠れることなく、ありのままに現れていることです。したがって、「現成公案」とは、そのありありと現れているものがそのままで真理そのものであるという考え方です。このことを浄土門では「自然法爾《じねんほうに》」（すべてのものが自《おの》ずから真理や法則にかなっていること）と呼び、『法華経』では「諸法実相《しょほうじっそう》」（すべてのものが真実の相を呈していること）と呼びます。

「是時十方法界《このときじっぽうほっかい》の土地《とち》草木墻壁瓦礫皆仏事《そうもくしょうへきがりゃくみなぶつじ》を作《な》すを以《もっ》て、其起《そのおこ》す所《ところ》の風水《ふうすい》の利益《りやく》に預《あずか》る輩《ともがら》、皆甚妙不可《みなじんみょうふか》思議《しぎ》の仏化《ぶっけ》に冥資《みょうし》せられて親《ちか》き悟《さとり》を顕《あら》わす（岩波文庫の原文は「ちかきさとりをあらはす」となっている）」（「弁道話」Ⅰ16）。

この一節は、『正法眼蔵』「弁道話」のなかの以下の文章の続きに書かれているものです。

「もし人《ひと》、一時なりといふとも、三業《さんごふ》に仏印《ぶつちん》を標し、三昧に端坐するとき、遍法界《へんほふかい》みな仏印となり、尽虚空《じんこくう》こと〴〵くさとりとなる。ゆゑに、諸仏如来をしては本地《ほんぢ》の法楽《ほふらく》をまし、覚道の荘厳《しやうごん》をあらたにす（もし人がほんのわずかの時間でも身・口・意の三業をもって仏の法界定印を表して坐禅三昧に集中するときには、全世界がみな仏の印となり、全宇宙も悟りの現れとなる。したがって、諸仏如来の側からは本来の法楽を増加され、さとりの道のすばらしさをリフレッシュすることになるのである）。（中略）

これらの等正覚《とうしやうがく》、さらにかへりてしたしくあひ冥資《みやうし》するみちかよふがゆゑに、この坐禅《ざぜん》人《にん》、確爾《くわくに》として身心脱落し、従来雑穢《じゆうらいざふゑ》の知見思量を截断《せつだん》して、天真の仏法に証会し、あまねく微塵際《みぢんざい》そこばくの諸仏如来の道場ごとに仏事を助発《じよほつ》し、ひろく仏向上の機にかうぶらしめて、よく仏向上の法を激揚す（これら万事万物の正しい覚りの各々がむしろ秘かに助け合う道筋ができるので、坐禅する人は確実に身心の拘束・繋縛から解放され、これまでの汚染された知識や思惑を断ち切って、人為を超えた天然無為の仏法に身をもって出会うことができ、天地に充満した無限の数の諸仏如来の道場ごとに仏に関わる事柄を助け、広範に悟りの向上を志す者の機縁を捉えて、その悟りを向上させる仏法を大いに宣揚するのである）」（「弁道話」Ｉ15～16）。

とにかく、人間凡夫が諸仏の妙術としての坐禅を行ずる時には、世界がまるごとすなわち仏の世界（仏国土）となっているのですから、世界の中にあるものすべて（土地草木墻壁瓦礫皆）が仏の世界の構成要素となっているのであり、存在のすべては、土地であろうと、草木であろうと、墻壁《しょうへき》（かきやかべ）であろうと、瓦礫であろうと、みな仏身のあらわれとなっているのです。このように坐禅するときには、仏から吹いてくる風、仏から潤される水の恩恵に浴するものが「皆甚妙不可思議《みなじんみょうふかしぎ》の仏化《ぶつけ》に冥資《みょうし》せられ」るというのです。冥資とは、人間の目に見えない、理解や納得の対象とはならない境地において助けられているということです。こういうところで、私たちの真実の自己と親密なる、だから離れようにも離れられない悟りが目の当たりに実現されているのです[40]。

「是《これ》を無為《むい》の功徳《くどく》とす、是《これ》を無作《むさ》の功徳《くどく》とす、是《こ》れ発菩提心《ほつぼだいしん》なり」（「発菩提心」Ⅲ328）。

以上において述べましたように、坐禅は計り知れない功徳を持つとされているのです。同様に、修証義のこの一節では、受戒行為もまた坐禅の場合と同様に、人知では計り知れない絶大な功徳を持つとされているのです。そのように天地自然宇宙の共鳴共生を得られるような働きのみが本物の功徳をもたらすものであり、したがって、真の功徳はエゴの働きを超えた天然自然の働き、言い換えれば、人間的作為を超えた働きでなければなりません。

「仏道をならふといふは、自己をならふ也。自己をならふといふは、自己をわするゝなり。自己をわするゝといふは、万法に証せらるゝなり。万法に証せらるゝといふは、自己の身心および他己《たこ》の身心をして脱落《だつらく》せしむるなり」(「現成公案」I 54)。

このような功徳が働くときにはじめて菩提心が起こるものです。本当の悟りとは、世のため人のため役立つことでなければなりません。そうすれば少しでも良い社会ができるのであり、そのかぎりにおいて自らも社会の恩恵に浴するのです。自己の利益だけを実現する行為は決して悟りではなくて、迷い以外の何ものでもありません。

第十八節　自己より先に他者を救う発菩提心――発願利生1

菩提心《ぼだいしん》を発《おこ》すというは、己《おの》れ未《いま》だ度《わた》らざる前《さき》に一切衆生《いっさいしゅじょう》を度《わた》さんと発願《ほつがん》し営《いとな》むなり、設《たと》い在家《ざいけ》にもあれ、設《たと》い出家《しゅつけ》にもあれ、或《あるい》は天上《てんじょう》にもあれ、或《あるい》は人間《にんげん》にもあれ、苦《く》にありというとも楽《らく》にありというとも、早《はや》く自未得度先度佗《じみとくどせんどた》の心《こころ》を発《おこ》すべし。

この第十八節の前半の文章は、「菩提心《ぼだいしん》を発《おこ》すというは、己《おの》れ未《いま》だ度《わた》らざる前《さき》に一切衆《いっさいしゅ》生《じょう》を度《わた》さんと発願《ほつがん》し営《いと》なむなり」（「発菩提心」Ⅳ177）となっています。ここでは、まず「菩提心を発《おこ》す」とは、自分が悟りを得るよりも先に他者を救うという願、つまり利他行への願心を発することであるといわれています。

この第十八節の後半の文章は、「設《たと》い在家《ざいけ》にもあれ、設《たと》い出家《しゅつけ》にもあれ、或《あるい》は天上《てんじょう》にもあれ、或《あるい》は人間《にんげん》にもあれ、苦《く》にありというとも楽《らく》にありというとも、早《はや》く自《じ》未《み》得度《とくど》先度《せんど》佗《た》の心《こころ》を発《おこ》すべし」（「発菩提心」Ⅳ180）となっています。ここでは、たとえ在家の信者であれ、出家の信者であれ、あるいは天上界に住んでいる者であれ、あるいは人間界に住んでいる者であれ、はたまた苦しい時であっても、楽しい時であっても、要するにどんな身分、どんな世界、どんな心境にあっても、とにかく速やかに、自分のことよりも他人のためにできることをしてあげねばならないといわれています。

さて、それではそもそも「菩提心」あるいは「菩提」とはいかなるものでしょうか(41)。「菩提（bodhi）」とは「悟り」を意味するサンスクリット語の音訳漢語です。漢語の意味としては、たとえば、智、道、覚などがあります。純粋無垢なる正しい悟りの智がそれです。それは、一切の煩悩から解放された、迷いのない状態であり、したがって、すべての煩悩の火が消えて、すがすがしい身心の状態を意味する「涅槃」とほぼ同義です。

これに対して、「菩提心（bodhi-citta）」とは「道心、道意、道念、覚意」とも呼ばれ、ときには「無上道心、無上道意」とも呼ばれます。要するに、それは、悟り（菩提）を求める心、悟り（菩提）を得たいと願う心などを意味します。仏陀の最高完全な悟りとしての、「阿《あ》耨《のく》多《た》羅《ら》三《さん》藐《みゃく》三《さん》菩《ぼ》提《だい》（anuttara samyakusambodhih）」（略して「阿耨菩提」）すなわち、「無上正等覚、無上正真道、無上正遍知」を目指して、それを獲得しようとして努力する心または、こうした心の働きが、「菩提心」であり、結局「求道心」と同じことを意味します。しかも、大乗仏教独特の用語としての「菩提心」とは、利他を強調した「求道心」に他なりません。それゆえ、「菩提心」とは、まさしく、大乗仏教における菩薩が持つべき唯一最高の心を意味します。したがって、「菩提心」は、一切の誓願を達成させる威神《いじん》力《りき》を持つと考えられました。威神とは、威徳神通の略であり、偉大なる力や優れた力あるいは不思議な働きそのもの、ないしはそのような力や働きを持つ存在者、つまりは仏や神を意味します。

ところで、聖徳太子は、「菩提心」を「直心」と訳し、言い換えれば、純一で混じりけのない、山奥の水のように澄み切った、清らかで汚れのない、素直な心と理解したのです。[42]この意味では、六祖が、「直心是れ道場、直心是れ浄土」（『六祖壇経』[43]四）と語ったように、菩提心なしには、修行の道場も極楽浄土も解脱も涅槃もありません。それゆえ、密教では、菩提心はすべての美徳を成立させる根本の心とみなされました。

道元禅師によれば、仏道に入るためには、最初は、道心があってもなくても、とにかく無理やりにでも、真似をしてまでも、仏道を好み学ばなければならないのです。すなわち、

「宋土には俗人等の常の習ひに、父母に孝養の為に宗廟《そうびょう》にて各々聚会《しゅうえ》し泣きまねするほどに、終《つい》には実《まこと》に泣くなり、学道の人は、初めより道心なくとも、只《ただ》しひて仏道を好み学せば終には実の道心も起こるべきなり。初心学道の人は、只衆に随ふて行道すべきなり」(『正法眼蔵随聞記』第六の七)(44)。このように、道元禅師は、初心の人の学習意欲をきわめて重要視しています。極言すれば、たとえ道心がない場合でも、とにかく仏道を他の修行者と並んで学び行ずるならば、知らず知らずのうちに――霧の中を行けば自《おの》ずと衣服が濡れるように――、仏の真理に近づき、法(ダルマ)によって照らされるようになるのです。

さらにまた、道元禅師の言に従えば、仏祖ですら、はじめは凡夫であり、発心と修行を積み重ねることによってはじめて仏祖となったものである、だから、初心者も決して自《みずか》らを卑下してはならないのです。すなわち、「仏々祖々、皆本は凡夫なり。凡夫の時は必ずしも悪業もあり、悪心もあり、鈍もあり、痴もあり。然あれども、尽く改めて知識に随ひて修行せしゆゑに、皆仏祖と成りしなり。今の人も然あるべし。我が身愚鈍なればとて卑下することなかれ。今生《こんじょう》に発心せずんば何の時を待てか行道すべきや。今強ひて修せば必ずしも道を得べきなり」(『正法眼蔵随聞記』第六の十六)。

このような発心・修行を不断に持続することを可能にするためには、すでに参照したように、「仏道を修行する者は、先ず須らく仏道を信ずべし。仏道を信ずる者は、須らく自己本道中に在って、迷惑せず、妄想せず、顚倒せず、増減なく、誤謬無しと云ふことを信ずべし」（『学道用心集』「道に向かって修行すべき事」）です。私たちは、とかくとりこし苦労に陥ったり、不安の概念に襲われたりして、必要以上にじたばたしてしまいます。そうではなくて、私たちは、真理の大道という大船に乗せられているという大確信を持って、しかも、それに甘えるのではなく、その標準に照らして、至らぬ己をますます磨かねばならないというのが、真面目な人間の根本姿勢です。ここはもっぱら「仏道を学ぶ」という観点からのみ書かれていますが、このような根本確信は仏道修行のみならず、一切の道においても当てはまることです。

しかし、このような固い信念に裏打ちされた、ひるむことなき永遠の向上心は、永遠の当為と瞬間の充足とが一つになったところで完遂されうるでしょう。それには、己を不断に鼓舞するものが必要です。しかしながら、人間は、どこまでいっても思量分別心、すなわち「慮知心」を持ち、この心を働き巡らして日常生活を営んでいるのは疑うべからざる事実です。道元禅師は、日常的な分別心としての「慮知心」と「菩提心」との関わりについて以下のように述べておられます。

「この慮知心にあらざれば、菩提心をおこすあたはず。この慮知（心）[45]をすなはち（そのままで）菩提心とするにはあらず、この慮知心をもて菩提心をおこすなり」（「発菩提心」

郵便はがき

料金受取人払郵便

京都中央局
承　　　認

7416

差出有効期間
2026 年10月
30 日まで

(切手をはらずに
お出し下さい)

6 0 0 8 7 9 0

1 1 0

京都市下京区
正面通烏丸東入

法藏館 営業部 行

愛読者カード

本書をお買い上げいただきまして、まことにありがとうございました。
このハガキを、小社へのご意見またはご注文にご利用下さい。

お買上 **書名**

＊本書に関するご感想、ご意見をお聞かせ下さい。

＊出版してほしいテーマ・執筆者名をお聞かせ下さい。

お買上 **書店名**	区市町	**書店**

◆新刊情報はホームページで　http://www.hozokan.co.jp
◆ご注文、ご意見については　info@hozokan.co.jp

24. 11. 50000

ご氏名《ふりがな》	年齢　　歳	男・女
〒□□□-□□□□　ご住所	電話	
ご職業（ご宗派）	所属学会等	
ご購読の新聞・雑誌名（ＰＲ誌を含む）		

ご希望の方に「法藏館・図書目録」をお送りいたします。
送付をご希望の方は右の□の中に✓をご記入下さい。　□

注文書

月　　日

書　　名	定　価	部　数
	円	部
	円	部
	円	部
	円	部
	円	部

配本は、○印を付けた方法にして下さい。

イ. **下記書店へ配本して下さい。**
（直接書店にお渡し下さい）

（書店・取次帖合印）

書店様へ＝書店帖合印を捺印の上ご投函下さい。

ロ. **直接送本して下さい。**
代金（書籍代+送料・手数料）は、お届けの際に現金と引換えにお支払下さい。送料・手数料は、書籍代計16,500円未満880円、16,500円以上無料です（いずれも税込）。

＊お急ぎのご注文には電話、ＦＡＸもご利用ください。
電話 075-343-0458
FAX 075-371-0458

（個人情報は『個人情報保護法』に基づいてお取扱い致します。）

Ⅳ177）。

　どんなに優れた菩提心も、人間的慮知心から生まれてくるものではあるが、なまのままの、本能的な意味での慮知心だけでは菩提心とはなりません。慮知心が菩提心となるためには、その間に一種の止揚、すなわち自己否定による自己肯定が必要なのです。まさしく、「仏道をならふといふは、自己をならふ也。自己をならふといふは、自己をわする、なり」（「現成公案」Ⅰ54）ということです。

　そもそもどのような行為であれ、それが真剣な行為であるならば、行為はすべてそれを通じて自己を習い学ぶことができるものです。それでは、「自己を忘れる」行為にはどのような行為があるのでしょうか。ちなみに仏教における菩薩道とは、自分の悟りはさておいて、まず他者を救う（済度する）ということですが、このことは特に「自未《じみ》得度《とくど》先度《せんど》佗《た》（他）（自ら未だ得度せざるに先ず他を度す）」と呼ばれています。こうした「自未得度先度他」の実践こそは、まさしく「自己を忘れる」行為の典型的な実例であり、大乗仏教の最も重要な眼目の一つです。何故《なぜ》なら、それが同時に「発菩提心」すなわち「菩提心を発《おこ》すこと」に他ならないことだからです。道元禅師は、日常的分別心としての「慮知心」と「発菩提心」との関係について以下のようにいわれています。

「この心（慮知心）をもて、自未得度先度他の道理にめぐらすこと不退転なれば、発菩提心なり。しかあれば、いま一切衆生の我有《がう》と執《しふ》せる（自分の所有物かと思いこんで執着している）草木瓦礫《さうもくぐわりやく》、金銀珍宝《こんごんちんぽう》をもて菩提心にほどこす、また発菩提心ならざらめやは。心《しん》および諸法、ともに自他共無因《じたぐうむいん》にあらざるがゆゑに（自己も他者も皆共に因縁・原因なくしては存在し得ないのであるから）、もし一刹那《せつな》この菩提心をおこすより、万法みな増上縁《ぞうじやうえん》（四縁の一つ、他の法が生ずるときそれを妨害しない縁、消極的幇助《ほうじよ》の縁）となる」（「発菩提心」Ⅳ181〜182）。

　このように、もし菩提心を発《おこ》す行為を根底において、慮知心を働かして行くならば、自分自身の持ち物も自分の周りにある物もすべてが仏縁を深める因縁となるというわけです。日常的分別知としての慮知心をもって「自《じ》未《み》得度《とくど》先度《せんど》佗《た》（自ら未だ得度せざるに先ず佗を度す）」していくということは、当然のことながら、この赤い血潮の流れる肉塊を持って、この生身の肉体としての「臭い皮袋」を持って、菩提心を起こすということに他ならないのです。それゆえにこそ、臨済義玄禅師は「赤肉団上に一無位の真人有り、常に汝ら諸人の面門より出入す」（『臨済録』上堂）というのです。坐禅もまた、この生身の肉体で、凡夫の身でありながら、仏の姿をまのあたりに現前させる行（行仏威儀）なのです。

　同じ事態を、道元禅師はまた次のようにいわれます。

「この身心をもて発心すべし。水をふみ石をふむをきらふことなかれ。ただ一茎草《いつきんさう》を拈じて丈六金身を造作《ざうさ》し、一微塵《みぢん》を拈じて古仏塔廟《たふめう》を建立《こんりふ》する、これ発菩提心なるべし。見仏なり、聞仏なり。見法なり、聞法なり。作仏なり、行仏なり」（「発菩提心」Ⅲ333）。

これを通釈すれば以下のようになるでしょう。

「この己自身の生身の肉体と精神（身と心）をもって菩提心を起こすのである。洞山良价《とうざんりょうかい》禅師が川を渡っていた時に悟りを開く因縁（洞山過水の偈《げ》）を得られたように、あるいは六祖慧能《えのう》禅師が碓房《たいぼう》（米つき小屋）で八か月間も米を搗《つ》いて苦心された後に新境地（本来無一物の偈）を得られたように、長年の修行の労苦を嫌ってはならない。帝釈天のように、ただ一本の草をもって一丈六尺の金色の仏身を造り上げるのも発菩提心であり、最も小さい物をもって古仏のいませる廟塔（墓所・礼拝所）を造り上げるのも発菩提心である。これらの行いは、まさしく仏を見ることであり、法を見ることであり、法を聞くことであり、仏となることであり、仏を行ずることである」。

このように、発菩提心としての私たちの一挙手一投足が皆ことごとく仏作仏行であるといわれるのです。これを、道元禅師は「行仏威儀」と呼んでいます。

ところで洞山過水の偈とは次のような五言律詩です。

「切に忌む、他に従って覓《もと》むることを。迢迢《ちょうちょう》として我と疎《そ》なり。我れ今独《ひと》り自《みずか》ら住す。処処《しょしょ》に渠《かれ》に逢うことを得たり。渠《かれ》今正に是れ我、我今渠にあらず。まさに須く恁麼に会すべし。まさに如如《にょにょ》に契《かな》うことを得たり（切忌従㆑他覓、迢迢与㆑我疎、我今独自往、処処得㆑逢㆑渠、渠今正是我、我今不㆓是渠㆒、応㆓須恁麼会㆒、方得㆓如如契㆒）」。

すなわち、最も忌みきらうべきことは、自己の内にではなく、いたずらに自己の外なる対象としての他者の内に真理を求めることなのです。そうしている限りは、ますます本当の自己からはるかに遠ざかるばかりなのです。

道元禅師は『普勧坐禅儀』において「何ぞ自家《じけ》の坐牀《ざじょう》を抛却《ぼうきゃく》して謾《みだ》りに他国の塵境《じんきょう》に去来せん」と述べられています。自己の足元を固めずに、いたずらに外の物を追いかけても無駄です。信ずるべきは自己の究明であり、自己の修行であり、自己の力なのです。宝の山に入りながら、宝を見つけられないのはこのためなのです。なかなか凡夫としての人間は自己に落ち着くことができずに、いたずらに他者の内に自己を追い求めがちのものです。早く自己に目覚め、自己の内にある宝物を発掘することをはじめなければなりません。そうすれば「宝蔵《ほうぞう》自《おの》ずから開けて受用如意《じゅようにょい》ならん」（『普勧坐禅儀』）ということになるでしょう。

第十九節　老若男女を問わない発菩提心――発願利生2

其形《そのかたち》陋《いや》しというとも、此心《このこころ》を発《おこ》せば、已《すで》に一切衆生《いっさいしゅじょう》の導師《どうし》なり、設《たと》い七歳《しちさい》の女《によ》流《りゅう》なりとも即《すなわ》ち四《し》衆《しゅ》の導師《どうし》なり、衆生《しゅじょう》の慈《じ》父《ふ》なり、男女《なんにょ》を論《ろん》ずること勿《なか》れ、此《こ》れ仏道極妙《ぶつどうごくみょう》の法則《はうそく》なり。

「其形《そのかたち》陋《いや》しというとも、此心《このこころ》を発《おこ》せば、已《すで》に一切衆生《いっさいしゅじょう》の導師《どうし》なり」（「発菩提心」Ⅳ177）とは、どんなみすぼらしい姿形をしていても、とにかく、自分よりもまず先に他者を助けたいという願心をおこせば、それはすでに一切衆生を導く先生であるといわれるのです。陋（呉音ル、漢音ロウ）という漢字には、①せまい＝小さくせまくるしいこと、ちぢんでゆとりがないこと、「陋巷《ロウコウ》＝せまい小路」「陋屋」、②せましとする＝狭苦しいと思う、いやしいと思う、③せまい＝心や知識がせまい、身分が卑しい、せせこましくてみにくい、対《つい》概念は「雅」、類概念は「婁」、④そまつなさま、「簡陋《カンロウ》」、等々の意味と用法があります。「設《たと》い七歳《しちさい》の女流《にょりゅう》なりとも即《すなわ》ち四《し》衆《しゅ》の導師《どうし》なり、衆生《しゅじょう》の慈《じ》父《ふ》なり」（「礼拝得髄」Ⅱ170）。すなわち、たとえ七歳の女の子であっても、インド社会の四種の階級の人びとを導くことができる先生ともなりうるものであり、また一切衆生をやさしくさとす父親ともなりうるのです。

何といっても、仏教の創始者、お釈迦様は、インド特有のカースト制度のような、身分差別の激しい国土において、四つの階級を厳しく差別する四姓（しせい、ししょう）の平等を唱えられました。四姓（catur-varṇa）とは、古代インドにおいて、社会の大きな枠組みを理論的に示したものとして、ブラーフマナ（司祭者、婆羅門）、クシャトリア（王族、刹帝利《せってぃり》）、ヴァイシヤ（庶民、吠舎《べいしゃ》）、シュードラ（隷民、首陀羅《しゅだら》）という四種姓です。ブラーフマナが最も尊いことは、『リグ・ヴェーダ』聖典によって権威づけられています。現実の社会においては、「生《うま》れ」を意味するインド語ジャーティ（jāti）という分類が機能しており、これがいわゆるカースト（ポルトガル語「カスタ」に由来）制度と複雑にまじりあっているそうです。

「男女《なんにょ》を論《ろん》ずること勿《なか》れ、此《こ》れ仏道極妙《ぶつどうごくみょう》の法則《ほうそく》なり」（「礼拝得髄」Ⅱ169）。

私たち凡夫衆生というものは、他人と自らを比べ時にはひがみ、時には威張《いば》り、常に他人と自分を比べてしまう存在者です。ここから差別という厄介なものが生ずるのです。いわれなき差別を早く撤廃しなければ、社会の発展はないでしょう。差別する社会はまだ子どもの世界であり、大人になりきっていない世界です。仏とは覚者であり、大人の悟りを開いた人を意味します。凡夫根性の巣くう差別の本性は、男女の関係にも広がってくるものです。しかるに、道元禅師は、このように、「仏道修行者ないしは仏教信者ないしはお釈迦様の弟子としてまったく同格であるのが、仏道の不可思議なる根本法則である」と宣言されます。したがって、あるまじき男女差別を論じてはならず、女人禁制などは滑稽なこととして、道元禅師は次のように痛烈に批判されるのです。

「日本国ニヒトツノワラヒゴトアリ。イハユル或《あるい》ハ結界ノ地ト称ジ、アルイハ大乗ノ道場ト称ジテ、比丘尼《びくに》・女人《にょにん》等ヲ来入セシメズ。邪風ヒサシクツタハレテ、人ワキマフルコトナシ。稽古《けいこ》ノ人アラタメズ、博達ノ士モカンガフルコトナシ」(「礼拝得髄」Ⅱ177、この箇所は、永平寺に伝わる二十八巻の『秘密正法眼蔵』に伝わるものですが、七十五巻本『正法眼蔵』の編集に際しては削除されたものです)。

このように、道元禅師は、この「礼拝得髄」の巻において、すなわちすでに十三世紀初頭において、仏弟子としての男女の平等を説いておられます。まして女人禁制などの場所があろうはずがないのです。一般的には昔から男の方が力が強くて、女子の方が力が弱いので、長い人類の歴史において男が女を支配してきたのは事実でしょう。大丈夫な人は男も女も一緒なのに、この漢字は男を意味しています。いまのように両性の平等が主張されたのはごく最近のできごとです。

「仏法を修行し、仏法を道取せんは、たとひ七歳の女流《にょりう》なりとも、すなはち四衆《ししゅ》の導師《だうし》なり、衆生《しゅじやう》の慈父なり。たとへば龍女成仏《りゅうにょじやうぶつ》のごとし。供養恭敬《くやうくぎやう》せんこと、諸仏如来にひとしかるべし。これすなはち仏道の古儀なり。しらず、単伝せざらんは、あはれむべし」

（「礼拝得髄」Ⅱ170）。

ここでいわれる龍女《りゅうにょ》成仏とは、『法華経』「提婆品」に出てくる、八歳の龍女が成仏したという話です。

仏教に入門するのに、身分や性別など一切の差別は無用です。老若男女、貴賤高下を問わず、誰でも仏道を学びたいという道心を起こせば、みなことごとく入門することができます。故に、道元禅師は、「上智下愚《じょうちかぐ》を論ぜず、利人鈍者《りにんどんしゃ》を簡《えら》ぶこと莫《なか》れ」（『普勧坐禅儀』）と述べておられます。

第二十節　人を成仏得道に導く発菩提心――発願利生3

若《も》し菩提心《ぼだいしん》を発《おこ》して後《のち》、六趣四生《ろくしゅししょう》に輪転《りんでん》すと雖《いえど》も、其輪転《そのりんでん》の因縁皆菩提《いんねんみなぼだい》の行願《ぎょうがん》となるなり、然《しか》あれば従来《じゅうらい》の光陰《こういん》は設《たと》い空《むなし》く過《すご》すというとも、今生《こんじょう》の未《いま》だ過《す》ぎざる際《あい》だに急《いそ》ぎて発願《ほつがん》すべし、設《たと》い仏《ほとけ》に成《な》るべき功徳熟《くどくじゅく》して円満《えんまん》すべしというとも、尚《な》お廻《めぐ》らして衆生《しゅじょう》の成仏得道《じょうぶつとくどう》に回向《えこう》するなり、或《あるい》は無量劫行《むりょうごうおこな》いて衆生《しゅじょう》を先《さき》に度《わた》して自《みず》からは終《つい》に仏《ほとけ》に成《な》らず、但《ただ》し衆生《しゅじょう》を度《わた》し衆生《しゅじょう》を利益《りやく》するもあり。

「六趣」とは、衆生の輪廻する六種の処で、地獄・餓鬼・畜生・修羅・人間・天上の六道のことです。「四生（catur-yoni）」とは、生類の生まれる形態によって、胎生（jarāu-ja）、卵生（aṇḍa-ja）、湿生（saṃsveda-ja）、化生（upapādu-ka）、に分けたものです。胎生とは、人間や獣のように母胎より生まれるものであり、卵生とは、魚や鳥のように卵殻から生まれるものであり、湿生とは、蛆虫のように湿りによって形を受けるものであり、化生とは、地獄や天界の衆生のように、何物にも委託せず、ただ業力によって起こるものです。『万葉集』第五巻七九六／七九三にも「四生の起滅は、夢の皆空しきがごとく、三界の漂流《へうる》は、環《わ》の息《とど》まらぬがごとし（胎生・卵生・湿生・化生といった四種の生物体の生滅は、あたかも夢のむなしさに似ており、欲界・色界・無色界の三種の世界の移り変わりは車輪の回転して止むことがないように、常住不変な物は何もない）(46)」とあります。

「行願」とは、事を成就しようとする誓願(47)であり、行為によって願を実行・実現することです。長蘆宗賾《ちょうろそうさく》（宋代、年代不詳）が禅寺での禅僧の修行の心得・規則等を詳細に記述した『禅苑清規《ぜんねんしんぎ》』（一「護戒」）には、「語る言葉が真実であれば心と口とが合致し、大乗仏教の経典を読誦し、願を実行しようとすれば、行為が清浄になって、仏法が現前するのである（語言真実、心口相応、読㆓誦大乗㆒、資㆓発行願㆒、尸羅清浄、仏法現前）」とあります。

尸羅《しら》（sīla）とは、「戒」のことをいい、しばしば行う意で、行為・習慣・性格を意味します。戒は、仏教における道徳的な遵守規律で、毘奈耶（vinaya: 律）とは異なりますが、通例戒律として同義に用いられます。戒とは、自己の「戒め」であり、自らを制する態度姿勢です（「戒」については、第三章の当該箇所参照）。

「然《しか》あれば従来《じゆうらい》の光陰《こういん》は設《たと》い空《むなし》く過《すご》すというとも、今生《こんじよう》の未《いま》だ過《すぎ》ざる際《あい》だに急《いそ》ぎて発願《ほつがん》すべし」（「渓声山色」Ⅱ117）。

「そういう次第であるので、これまでの月日はたとい無為徒労に過ごしてきたとしても、この世の命が終わってしまわない間に、つまり生きているうちに、急いで菩提を求めようとする願をおこさなければならないのである」。なお、この文章に続いて、しばしば道元禅師発願文として採用される、以下のような文章が書かれています。

「ねがはくはわれと一切衆生と、今生《こんじやう》より乃至生々《しやうじやう》をつくして正法をきくことあらん。きくことあらんとき、正法を疑著《ぎぢや》せじ、不信なるべからず。まさに正法にあはんとき、世法をすてて仏法を受持せん、つひに大地有情ともに成道することをえん」（「渓声山色」Ⅱ117）。

以上が第二十節の前半ですが、後半は『正法眼蔵』「発菩提心」の巻より採用されています。

「設《たと》い仏《ほとけ》に成《な》るべき功徳熟《くどくじゆく》して円満《えんまん》すべしというとも、尚《な》お廻《めぐ》らして衆生《しゆじよう》の成仏得道《じようぶつとくどう》に回向《えこう》するなり」（「発菩提心」Ⅳ181）。このように、衆生の成仏得道のためには、自分自身の成仏も後回しにしなければならないのです。

「回向（廻向、pariṇāma）」とは、廻転趣向の意であり、自己の行う善根功徳を廻転して菩提に趣（赴）き向かわせ、また衆生に施与することです。一般には法要・読経・念仏・布施などの善行を通して、その功徳を亡者に向け仏道に入らせることをいいます（「言㆓回向㆒者、回㆓己善法㆒、有㆑所㆓趣向㆒、故名㆓回向㆒」（『大乗義章』九））。

「たとい仏となれる程の功徳が熟していて十分に仏となれるとしても、その前にまず一切衆生が成仏できるように献身しなければならないのである」。

まずは一切衆生の救済すなわち成仏のために一心不乱とならなければならないのです。いやそれどころか、自分の成仏そのものをまったく棚上げにしなければならないのです(48)。すなわち、「或《あるい》は無量劫《むりょうごう》行《おこな》いて衆生《しゅじゅう》を先《さき》に度《わた》して自《みず》からは終《つい》に仏《ほとけ》に成《な》らず、但《ただ》し衆生《しゅじょう》を度《わた》し衆生《しゅじょう》を利益《りやく》するもあり」（「発菩提心」Ⅳ178）。このように、無限に長い時間にわたって、衆生済度を先行させて、自分自身は最後まで仏とならずに、ただひたすら衆生を済度し衆生のために尽くす行為もあるのです。菩薩行とはこのような行為を言うのです。

無量劫とは、無量の劫（劫波、s: kalpa）。劫は長い時間のこと。したがって、無量劫とは、量ることができないほど長い時間のこと。一劫とは、諸説ありますが、『菩薩瓔珞本業経』（下）によれば、一～四〇里平方の石を、天女が重さ三銖《しゅ》（2.01g）の天衣をもって三年に一度払って、その石が摩滅する時間を一小劫《しょうこう》というそうです。(49) インド人は一体どのようにして、こんな長い時間を計ることができたのでしょうか。ものすごい想像力なしにはそんなことは考えられないでしょう。

後にも出てくるように、利他行を先行させると自分の利益が無くなるのではないか、と単純に考える者は愚人であると、道元禅師は述べています。人のために尽くすことが、周り回って結局は自分のためになるのが利益の循環です。これが社会性というものです。あまりにエゴイスティックな人は人に嫌われて、ろくな人生は送れません。人に尽くせばそれなりのことはあります。もちろん何かの当てを持ちながら人のためにするのは、禅仏教では「有所得心」とみなされ、完全な悟りではありません。永遠の向上心としての「無所得常精進」が正しい利他行です。でも普通の人間はなかなかそこまではいかないでしょう。とにかく、目の前で困っている人があれば、それが得になるとかならないとか考えないで、ただひたすら救いの手をさしのべる。それが積もり積もれば立派な菩薩様です。

第二十一節　布施は人に法と財を施すことである――発願利生4

衆生《しゅじょう》を利益《りやく》すというは四枚《しまい》の般若《はんにゃ》あり、一者布施《ひとつにはふせ》、二者愛語《ふたつにはあいご》、三者利行《みつにはりぎょう》、四者同事《よつにはどうじ》、是《こ》れ則《すなわ》ち薩埵《さつた》の行願《ぎょうがん》なり、其布施《そのふせ》というは貪《むさぼ》らざるなり、我物《わがもの》に非《あら》ざれども布施《ふせ》を障《さ》えざる道理《どうり》あり、其物《そのもの》の軽《かろ》きを嫌《きら》わず、其功《そのこう》の実《じつ》なるべきなり、然《しか》あれば則《すなわ》ち一句《いっく》一偈《いちげ》の法《ほう》をも布施《ふせ》すべし、此生佗生《ししょうたしょう》の善種《ぜんしゅ》となる、一銭一草《いっせんいっそう》の財《たから》をも布施《ふせ》すべし、此世佗世《しせたせ》の善根《ぜんごん》を兆《きざ》す、法《ほう》も財《たから》なるべし、財《たから》も法《ほう》なるべし、但彼《ただかれ》が報謝《ほうしゃ》を貪《むさぼ》らず、自《みず》からが力《ちから》を頒《わか》つなり、舟《ふね》を置《お》き橋《はし》を渡《わた》すも布施《ふせ》の檀度《だんど》なり、治《ち》生産業《しょうさんぎょう》固《もと》より布施《ふせ》に非《あら》ざること無《な》し。

ここの一節は、『正法眼蔵』の中から断片的に採用されています。まず、冒頭の文言「衆生《しゅじょう》を利益《りやく》すというは」という言葉は、「衆生を利益《りやく》すといふは、衆生をして自未得度《じみとくど》先《せん》度他《どた》（自ら未だ得度せざるに先ず他を度す）のこゝろをおこさしむるなり。自未得度先度他の心をおこせるちからによりて、われほとけにならんとおもふべからず。たとひほとけになるべき功徳熟して円満すべしといふとも、なほめぐらして衆生の成仏得道に回向《えこう》するなり」（「発菩提心」Ⅳ181）というふうな脈絡において出現するものです。

このように、仏教における利益《りやく》という言葉は、本来は宗教的法益的な意味で用いられるものです。法益《ほうやく》とは、第一に仏法ないしは説法によって大衆を教化し仏法上の利益を施すことであり、第二に禅宗の叢林において師家《しけ》（禅の指導者、老師）が、仏経祖録など提唱または講義して法的利益を修行者に与えることです。したがって、「衆生を利益す」ということは、「衆生のために役立つ」という意味です。

「四枚《しまい》の般若《はんにや》あり」は、『正法眼蔵』七十五巻本の第二巻「摩訶般若波羅蜜」の「四枚《しまい》の般若《はんにや》あり、苦集滅道《くじふめつだう》なり」（Ⅰ62）から採られています。しかも、「摩訶般若波羅蜜」巻の冒頭では、仏教的真理を表現しているいろいろなカテゴリーを、道元禅師はことごとく「般若」と名づけて次のように述べています。

「観自在菩薩の行深般若波羅蜜多時《ぎやうじんはんにやはらみたじ》は、渾身《うんしん》の照見五蘊《せうけんごうん》皆空《かいくう》なり。五蘊は色受想行識《しきじゆさうぎやうしき》なり、五枚の般若なり。照見これ般若なり。（中略）また四枚の般若あり、苦集滅道《くじふめつだう》なり。また六枚の般若あり、布施《ふせ》・浄戒《じやうかい》・安忍《あんにん》・精進《しやうじん》・静慮《じやうりよ》・般若（智慧）なり。また一枚の般若波羅蜜、而今《しきん》現成せり、阿耨多羅三藐三菩提《あのくたらさんみやくさんぼだい》なり。また般若波羅蜜三枚あり、過去・現在・未来なり。また般若六枚あり、地水火風空識なり。また四枚の般若、よのつねにおこなはる、行《ぎやう》・住《ぢゆう》・坐《ざ》・臥《ぐわ》なり」（「摩訶般若波羅蜜」Ⅰ62～63）。

この箇所を現代語訳すれば以下のようになるでしょう。

「観自在菩薩が深遠なる般若の智慧を完成する修行を行われていたときに、全身全霊をもって五つの構成要素からできているすべての存在（物質的なものおよび精神的なもの）は無常なものであり、何一つ永遠不滅なものはなく、時がくれば必ず消滅するものであるということを明白に洞察されて、すべての苦しみを救われたのである。これを契機として般若の智慧を獲得できるのだから、色受想行識もまた五枚の般若（五蘊）といえるのである。（中略）苦集滅道という四枚の般若（四諦）もあり、布施・持戒・忍辱・精進・禅定・智慧という六枚の般若（六波羅蜜）もある。また何はさておき最高無比の唯一の般若は阿耨多羅三藐三菩提である。過去現在未来という時に関する三枚の般若（三世）もあり、地・水・火・風・空・識という六枚の般若（六大）もあり、行住坐臥という四枚の般若もある」。

　こうした語法にならって、ここでは、四種の般若（智慧）として「一者布施《ひとつにはふせ》、二者愛語《ふたつにはあいご》、三者利行《みつにはりぎょう》、四者同事《よつにはどうじ》（「菩提薩埵四摂法」Ⅳ419）」があげられて、「是《こ》れ則《すなわ》ち薩埵《さつた》の行願《ぎょうがん》なり（「菩提薩埵四摂法」Ⅳ428）」といわれているのです。菩提薩埵四摂法《ししょうぼう》とは、菩薩が衆生を済度するに当たって、衆生の心を捉え仏道に引き入れる四種の方法のことです。すなわち、第一に、人に真理を教えたり（法施）、物を与えたりする行為（財施）としての「布施」、第二に、人に親愛の語、思いやりの心からやさしい言葉をかける行為としての「愛語」、第三に、人のためになることをいろいろしてあげる行為（三業の善行）をもって衆生を助ける「利行」、第四に、相手と同じ立場に身を置くこと、たとえば観音様が三十三身を現ずるように、さまざまに姿形を変えて衆生に近づき衆生と目線を同じくして事を行う「同事」をここでは四枚の般若として取り上げているのです。なおこれらの四摂法を簡潔に表現すれば、①気前よさ、②好意、③協力、④奉仕ということもできます(50)。

これは、『正法眼蔵』の「菩提薩埵四摂法《ぼだいさったししょうぼう》」の巻から採用されている文言ですが、「梵清《ぼんせい》本《ぼん》」には「寛元癸卯（元年）（一二四三）」端午日　記録　入宋伝法沙門」という奥書きがある由緒ある巻です。しかし、この巻は、新草十二巻本『正法眼蔵』はもとより、旧草七十五巻本『正法眼蔵』の中にもなく、六十巻の『正法眼蔵』になってはじめて第二十八巻目に取り入れられたものです。現在の岩波文庫版『正法眼蔵』の編者、水野弥穂子氏の説によると、たぶん「寛元元年（五月はまだ仁治四年）」のころ道元禅師から波多野氏に授与されたものを、後になって六十巻の『正法眼蔵』が編集されたときに、組み入れられたものであろうと推定されています(51)。衛藤即応校注の旧岩波文庫版『正法眼蔵』では九十五巻本中第四十五巻（旧Ⅱ183～188）として、水野弥穂子校注の『正法眼蔵』では「付巻」（Ⅳ419～428）として編集されています。

いずれにしろこの四摂法ははなはだわかりやすく、またハッキリした実践項目なので、仏教の具体的実践に最適の項目です。『修証義』にも「是則ち《これすなわ》薩埵《さった》の行願《ぎょうがん》なり」とありますように、四摂法は、仏の道に邁進している人間菩薩がまず実行すべき事柄であるとされています。これらの四項目のうちで、ここの第二十一節には、布施のことが示されているわけです。

「其布施《そのふせ》というは貪《むさぼ》らざるなり、我物《わがもの》に非《あら》ざれども布施《ふせ》を障《さ》えざる道理《どうり》あり、其物《そのもの》の軽《かろ》きを嫌《きら》わず、其功《そのこう》の実《じつ》なるべきなり」(「菩提薩埵四摂法」Ⅳ420)。

さて布施は、もともとサンスクリットのダーナ(dāna)の意訳――音訳は檀那(檀家の言葉の出所)――であり、「ダーナ」の意味は与えることですが、ある国語辞典[52]に従うと、「布施」とは、①他人に施し与えること。金品を与えることに限らず、教えを説き示すこと、恐れ・不安を除いてやること、また広く社会福祉的活動を行うことをいう。仏教の基本的実践徳目。施。檀那(だんな)。②僧や巡礼などに金品を与えること。また、その金品。特に、仏事の際の僧に対する謝礼」とあります。当然のことながら、布施は、菩薩の六つの実践徳目としての六波羅蜜の一つでもあります。このように、布施は必ずしも金品を与えることだけに限られないで、教えの布施も言葉の布施もあるのです。

それでは「其布施というは貪らざるなり」とはいかなることでしょうか。

布施行為には、大きく分けて人に真理を語り法を説くという意味での法施と、人に財物を与えるという意味での財施とがありますが、いずれにしても、人に施す行為は、貪りの気持ちがないときにのみできることです。人に何かを与えることが惜しいなどと思うと、人に物を与えることはできません。布施のはじまりは、貪りの心が消えたときにのみ行えることです。まさに「貪ることなきの心、これを名づけて布施となす」（『優婆塞戒経《うばそくかいきょう》』）ということです。だから、逆に、何かの報酬や見返りを見込んでお布施をすることは、もうすでに布施の資格を失った行為であり、別の欲望を満たすための手段としての布施であって、菩薩行としての布施にはならないのです。さらにまた、布施を受ける側も、つまらない物をくれたとか、ちょうどほしい物をくれたとか一喜一憂していては、清浄なる布施行為を汚すことになるわけです。真実の布施行為は、施しをする者（施主）と、施しを受ける者（受者）と、施物（法財）との三者が清浄無垢な境地になければ、成立不可能です。これを仏教では三輪空寂と呼ぶのです。(53)

次の「我物《わがもの》に非《あら》ざれども布施《ふせ》を障《さ》えざる道理《どうり》あり」とはいかなることを意味するのでしょうか。

布施をしたくても、布施すべきものを何一つ持たないような人はどうしたらよいのでしょうか。人に説くべき言葉も教法も知らず、人に与えるべき財物も持たない人がいるかもしれません。つまり、法施も財施もできない人は一体どうしたらよいのでしょうか。

こういう場合にも、お釈迦様は、布施ができるとおっしゃっています。すなわち、「貧《びん》窮《ぐう》の人、布施すべきものなきときは、他人の布施を行ずるを見て、深く随喜の心をおこすべし。随喜の功徳は、布施の功徳と異なることなし」と。つまり、自らは貧乏で財法二施のいずれをも布施することができない人でも、他人が布施する行為を見て、それをすばらしい行為であると心から敬服し感嘆し随喜するならば、これも布施行為に勝るとも劣らないというのです。したがって、こうした随喜の功徳を特別に讃歎した『法華経』第十八品は、「随喜功徳品」と名づけられています。

次には「其物《そのもの》の軽《かろ》きを嫌《きら》わず、其功《そのこう》の実《じつ》なるべきなり」とあります。布施に関してはその量の軽少は問題ではなく、また問題にしてはいけないということです。その布施の量が少ない場合でも、それを嫌ってはならず、とにかく布施する気持ち（心）を汲んであげなければなりません。また布施する側も、自分の布施を売り物にしたり、代価や代償をあからさまに求めてはなりません。「その功の実なるべきなり」とは、いくら布施しても功徳がない、実効がないような布施はしてもだめだということです。たとえば、放蕩《ほうとう》息子が金をせびるからといって、いつも親馬鹿になって金を与えていたら、その放蕩息子はますますだめになります。時には鬼となって突き放し、あるいは厳しく叱るか、決して金銭を与えないで、自分自身で稼ぐようにし向けなければならない場合もあります。仏教には、観音様や薬師様のように優しい菩薩や如来ばかりではなく、不動明王のように忿怒《ふんぬ》の形相で諸悪を退治し、あるいは金剛神（金剛力士）のように仏の教えを妨げる輩を勇猛果敢に排撃する明王・神将もいらっしゃるのです。だから、ときには破邪顕正の剣を振るうことによって、邪悪を排除し正義を実現するという布施行為も十分に成り立ち得るわけであります。

しかしながら、布施とは何よりも「不貪」ということであり、機会を捉えて、法であれ、財であれ、惜しむことなく施し与えることです。したがって、その後の『修証義』の言葉としては「然《しか》あれば則《すなわ》ち一句《いっく》一偈《いちげ》の法《ほう》をも布施《ふせ》すべし、此生佗生《ししょうたしょう》の善種《ぜんしゅ》となる、一銭一草《いっせんいっそう》の財《たから》をも布施《ふせ》すべし、此世佗世《しせたせ》の善根《ぜんごん》を兆《きざ》す、法《ほう》も財《たから》なるべし、財《たから》も法《ほう》なるべし（「菩提薩埵四摂法」Ⅳ420〜421）」とあります。だから「東辺にして一句をきゝて、西辺にきたりて一人のためにとくべし（東で一句の真理を聞けば、西に行って人のためにその真理を説くべきである）」（「自証三昧」Ⅲ391）という文言もあります。

そうであるからこそ、一句一偈すなわち、ほんのわずかの言葉でも布施になるし、それによって善いことがこの世に生じたり、来世に生じたりするための種蒔《ま》きともなりうるのであり、一銭一草すなわち、ほんのわずかの金銭物品でも施さなければならないのです。それが現世の世界、来世の世界に善なる結果を生み出すための根本的原因となりうるのです。だからこそ、教えも布施すべき宝財であり、宝財もまた教えを学ぶ機縁となるものです。

「但《ただかれ》彼が報謝《ほうしや》を貪《むさぼ》らず、自《みず》からが力《ちから》を頒《わか》つなり、舟《ふね》を置《お》き橋《はし》を渡《わた》すも布施《ふせ》の檀度《だんど》となり、治生産業《ちしようさんぎよう》固《もと》より布施《ふせ》に非《あら》ざること無《な》し」(「菩提薩埵四摂法」Ⅳ421)。

ただし注意しなければならないのは、布施をするからといって、自らの布施に見合ったお返しを貪ってはならないのであり、ただひたすらに人に施すのが布施というものです。はじめから、お返しを貪るつもりで布施を成すのは染汚《ぜんな》です。これでは穢れた布施になりますし、そんなものは本当の布施にはなりません。ちゃんと善いことをしておけば、黙っていても自然とお返しはあるのが善良な人びとの世界であると信じたいものです。売名行為を目的とした布施は仏教では布施とはいわないのです。だからもっぱら陰徳を積むことが推奨されるのです。少なくとも、一心不乱に何も考えずに布施の時は布施に徹するのです。

大事なことは、自分の力量にあった自分にふさわしい布施をすることとです。だから、直接に金品を与えなくても、行基菩薩のように、船を渡して人のために尽くすことも、此岸から彼岸へ渡る橋を造るのも、あるいはまた、会社を起こし、産業を隆盛にして、人びとの生活を安定させて、幸福な社会生活を可能にするのも一つの大きな布施行為です。石門心学の開祖石田梅巌《ばいがん》は「真の商人は先も立ち我も立つことを思うなり」と語って、たんに儲けるためだけの商売を超えて商いの道を唱導しております。この境地に立ってはじめて

「この経の心を得れば、世の中の売り買う声も法《のり》を説くかは」（道元禅師『傘松道詠』）といえるのです。

第二十二節　愛語は人をも天をも動かす――発願利生5

愛語《あいご》というは、衆生《しゅじょう》を見《み》るに、先《ま》ず慈愛《じあい》の心《こころ》を発《おこ》し、顧愛《こあい》の言語《ごんご》を施《ほどこ》すなり、慈《じ》念衆生《ねんしゅじょう》　猶如赤子《ゆうにょしゃくし》の懐《おも》いを貯《たくわ》えて言語《ごんご》するは愛語《あいご》なり、徳《とく》あるは讃《ほ》むべし、徳《とく》なきは憐《あわれ》むべし、怨敵《おんてき》を降伏《ごうぶく》し、君子《くんし》を和睦《わぼく》ならしむること愛語《あいご》を根本《こんぽん》とするなり、面《むか》いて愛語《あいご》を聞《き》くは面《おもて》を喜《よろこ》ばしめ、心《こころ》を楽《たの》しくす、面《むか》わずして愛語《あいご》を聞《き》くは肝《きも》に銘《めい》じ魂《たましい》に銘《めい》ず、愛語《あいご》能《よ》く廻天《かいてん》の力《ちから》あることを学《がく》すべきなり。

「愛語」とは、親愛の心を起こさせる言語のことです。仏典には、愛語を語る者の心は染汚や不浄のない心、清浄無垢なる心をもって、物事を認識し説示しなければはならない（「言二愛語一者、以二無染心一、分別開示」『大宝積経』五四）と書かれています。染は染汚・不浄の意味で、煩悩・執着の妄念および所執の事物を意味します。したがって、「無染心《むぜんしん》」とは一切の執着がない心です。だからまた、一切の執着を離れて供養することを「無染供養」というのです。その愛語ということをいいうるためには、まず慈愛の心、すなわち、人びと（衆生）を安心させ喜ばせ楽しませる気持ちを持つことが必要であるだけではなくて、さらにはそういう言葉を発話発言しなければなりません。なお顧愛とは、いとおしみいつくしむことであり、慈愛とほとんど同義です。このように、まるで赤子の心配をするように人びとのことを念じ想いつつ、言葉を発することが愛語なのです。

第二十二節の文章はすべて、『正法眼蔵』「菩提薩埵四摂法」における「愛語」（Ⅳ423〜424）から採られていますが、そこでは、「愛語といふは、衆生をみるにまづ慈愛の心をおこし、顧愛《こあい》の言語をほどこすなり。おほよそ暴悪の言語なきなり。世俗には安否《あんぴ》をとふ礼儀あり、仏道には珍重《ちんちょう》のことばあり、不審の孝行あり」（「菩提薩埵四摂法」Ⅳ423）とあります。

慈愛の心情、顧愛の言語を発する行為にあっては、決して粗暴粗悪な言葉、要するに荒っぽい言葉を使ってはなりません。世俗には、たとえば「ご機嫌いかがですか」というような、安否を問う言葉があり、仏道者の間には別れに際して「自重自愛を祈る」言葉として、「お大事に」という意味での「珍重」という言葉があります。あるいは、「ご機嫌いかがですか」という挨拶として「不審」という言葉があり、（あたかも父母に仕えるように）特に目上の人に向かっていうのでこれを「孝行」と呼ぶのです。これらの「珍重」「不審」

という言葉も、中国語では、相手へのいたわりの感情から発する愛語の一種なのです。

次の文章もまた『正法眼蔵』の脈絡においては、「慈念衆生《じねんしゆじやう》、猶如赤子《いうによしやくし》のおもひをたくはへて言語するは愛語なり。徳あるはほむべし、徳なきはあはれむべし。愛語をこのむよりは、やうやく愛語を増長《ぞうぢやう》するなり。しかあれば、ひごろしられずみえざる愛語も現前するなり。現在の身命の存ぜらんあひだ、このんで愛語すべし、世々《せぜ》生々《しやうじやう》にも不退転ならん。怨敵《をんでき》を降伏《がうぶく》し、君子《くんし》を和睦《わぼく》ならしむること、愛語を根本とするなり。むかひて愛語をきくは、おもてをよろこばしめ、こゝろをたのしくす。むかはずして愛語をきくは、肝に銘じ、魂に銘ず。しるべし、愛語は愛心よりおこる、愛心は慈心を種子《しゆうじ》とせり。愛語よく廻天のちからあることを学すべきなり」（「菩提薩埵四摂法」Ⅳ423〜424）となっているのです。

　ここのところを、現代語に訳すと、以下のようになるでしょう。

「衆生を慈《いつく》しみ念《おも》うことは、ちょうど赤子を慈しみ愛するのと同じようにしなくてはならないという思いを込めて言葉を発することが愛語である。有徳な人は心からほめてあげればよいし、徳なき者は憐れみをもって接しなければならない。愛語という場合は、愛語の言葉を苦労して選んではじめて愛語の言葉がたくさん生まれ増えてくるのである。それゆえ、愛語を実行しているうちに、日頃自分でも気がつかなかった愛語も現実に現れてくるのである。そういう次第であるので、命が続く限りは、好んで愛語を実践し、生涯をかけるだけではなくて、来世においても来来世においても、不退転の命がけをもって、愛語を実践していかなければならない。残忍非道な敵を降伏させたり、相争う君主同士を和睦させたりすることも、とにかく愛語を根本においた時にはじめて可能なのである。目の前で愛語を聞けば、聞く人の顔もほころび、心もうれしくなる。目前にではなくて、間接的に愛語を聞く者は肝に銘じ魂の奥底にまで響きわたるのである。正しく知るべきことは、愛語は天をも動かすことができるということである。知らねばならないことは、愛語は愛する心からおこることであり、さらにはこの愛する心は慈悲心を種子として結果し実るものであることだ」。

なお「慈念衆生猶如赤子」という言葉は、『法華経』の「提婆達多品」第十二に出て来る言葉です。そもそも提婆達多は、お釈迦様の従弟で、仏の三十二相のうち三十相まで具えていた人なのに、阿闍世王の外護《げご》を受けてお釈迦様の教団を破壊し、お釈迦様をなきものにしようとして仏の身から血を流し、大阿羅漢である蓮華色比丘尼を殴り殺すという逆罪を犯し、生きながら地獄に堕ちたとされる人です。ところが、『法華経』の「提婆達多品」では、お釈迦様が過去無量劫の時に、国王の位を捨て、大乗の教えを求めたとき、阿《あ》私仙《しせん》という仙人として『法華経』を教えてくれたのが、他ならぬ提婆達多の前生で、お釈迦様にとっては善知識であったことになっているのです。そして、この提婆達多が、霊鷲山の法華《ほっけ》会上《えじょう》においては、無量劫の後に成仏して、天王仏という如来になるという約束を、お釈迦様からいただくのです[54]。

また「提婆達多品」では、文殊《もんじゅ》菩薩が智積《ちしゃく》菩薩との問答において、文殊菩薩が、海中の娑竭《しゃか》羅龍王《らりゅうおう》の八歳の女《むすめ》に関して述べるところで「慈念衆生猶如赤子」という言葉が次のような仕方で語られています。

「智慧利根にして、善く衆生の諸根の行業を知り、諸仏の説くところの甚深の秘蔵を悉く能く受持し、深く禅定に入って諸法を了達し、刹那の頃《あいだ》に於いて菩提心を発《おこ》し、不退転を得たり。弁才は無礙にして、衆生を慈念すること、猶、赤子の如し（慈念衆生、猶如赤子）。功徳を具足し、心に念じ口に演《の》ぶることは微妙広大にして、慈悲仁譲《にんじょう》（なさけ深く謙遜なこと）あり。志意《こころね》は和雅《わげ》にして、能く菩提に至れり[55]」とあります。

『法華経』は現代人にはいかにも縁遠い経典のように見えますが、平安鎌倉時代の日本人は仏教の最高経典として、敬い仰ぎ、書写したり読誦したりしていました。ちなみに、長府毛利藩の九代目藩主匡満《まさみつ》公が若死にされた時、母君が『法華経』全巻（二十八品）を書写されたものが、功山寺で最近見つかりました。それのみならず、功山寺の檀家さんのなかにも、一代前までは、やはり『法華経』を書写した家庭がありました。道元禅師は「大師釈尊所説の諸経のなかには、法華経これ大王《だいわう》なり、大師《だいし》なり」（「帰依仏法僧宝」Ⅳ

260）と述べておられます。

さて第二十二節の最後の文章は、『正法眼蔵』では次のような脈絡になっています。「面《むか》いて愛語《あいご》を聞《き》くは面《おもて》を喜《よろこ》ばしめ、心《こころ》を楽《たの》しくす、面《むか》わずして愛語《あいご》を聞《き》くは肝《きも》に銘《めい》じ魂《たましい》に銘《めい》ず、愛語《あいご》能《よ》く廻天《かいてん》の力《ちから》あることを学《がく》すべきなり、しるべし、愛語は愛心よりおこる、愛心は慈心を種子《しゅうじ》とせり」（『菩提薩埵四摂法』Ⅳ423～424）。

目の前で愛語を聞けば誰でもうれしくなります。いささかお世辞ではないかと思っていても、ほめ言葉は誰でもうれしいものです。たしかに「面を喜ばしめ心を楽しくする」ものです。これに対して間接的にほめられたらどうなるか。

中国は、その春秋戦国時代には、大小さまざまな国に分かれ相互に激しい戦争を繰り返していました。その一つに趙《ちょう》という小国があり、その隣には秦《しん》という大国がありました。強国秦は小国趙を併呑《へいどん》（他国を自国の勢力下におくこと）しようとしていたときに、趙の国に鋭敏な文官である藺相如《りんしょうじょ》（年代不詳）という人がいて、外交的使者として秦の国に乗り込み、秦の国の国王を手玉にとって交渉し、国王をも奮いあがらせる談判を行って趙の国の危急を救いました。この功績によって藺相如は一躍大臣に抜擢《ばってき》されたのですが、この趙の国のはなはだ優れた武将である廉頗《れんぱ》（紀元前二八三～二四〇）はこのことを快く思わず、その出世を妬《ねた》み、折りあらばはずかしめてやろうと機会をねらっていました。しかし、廉頗将軍の心中を見抜いていた相如は、将軍に出会いそうになると道を避けて通り、衝突の機会を作りませんでした。このため、相如の家来たちは大変歯がゆく思い、相如大臣の振る舞いを大変意気地ないことだと思い、大臣をなじりました。すると、相如は「二匹の虎が戦えば、一方が傷ついて倒れる。いまこの国にとって必要なのは、将軍のように優れた武人と、私のような能力を持った大臣であり、両者が協力してこそ、趙のような小国はこの戦国時代に生き延びられるのだ。だから、廉頗将軍とは喧嘩しないように配慮しているのだ」と述べました。相如大臣のこの言葉を間接的に聞いた廉頗将軍は、自らの不心得を慚愧《ざんき》反省し、これより後、両者は水魚の交わりをしたと伝えられています。これが「面《むか》わずして愛語《あいご》を聞《き》くは肝《きも》に銘《めい》じ魂《たましい》に銘《めい》ず」ということの一例です(56)。

第二十三節　利他行こそ自他共に救われる行為である——発願利生6

利行《りぎょう》というは貴賤《きせん》の衆生《しゅじょう》に於《お》きて利益《りやく》の善巧《ぜんぎょう》を廻《めぐ》らすなり、窮亀《きゅうき》を見《み》病雀《びょうじゃく》を見《み》しとき、彼《かれ》が報謝《ほうしゃ》を求《もと》めず、唯単《ただひと》えに利行《りぎょう》に催《もよ》おさるゝなり、愚人《ぐにん》謂《おも》わくは利他《りた》を先《さき》とせば自《みず》からが利《り》省《はぶ》かれぬべしと、爾《しか》には非《あら》ざるなり、利行《りぎょう》は一法《いっぽう》なり、普《あま》ねく自他《じた》を利《り》するなり。

さて、四つの菩薩の願行の第三番目は利行です。考えてみれば、他の三つの願行、すなわち、布施も愛語も同事も本来的には、すべて利他行、すなわち利行なのです。そして、ここは直接に利行について語る箇所です。第二十三節は『正法眼蔵』「菩提薩埵四摂法」の巻から採られています。

まず、「利行《りぎょう》というは貴賤《きせん》の衆生《しゅじょう》に於《お》きて利益《りやく》の善巧《ぜんぎょう》を廻《めぐ》らすなり」（「菩提薩埵四摂法」Ⅳ424）とありますが、「貴賤」とは、一般的語法としては身分の高い者と身分の低い者を意味するのですが、厳密な仏教用語としては、迷悟の段階としての十界のうちの下から四番目までの地獄・餓鬼・畜生・修羅などの世界に生を受けた衆生を賤となし、人間界と天上界に生を受けた衆生を貴とみなすのです。したがって、貴賤の衆生とは、地獄界から天上界に至るまでの、六道輪廻する衆生、すなわち一切衆生のことを意味します(57)。

次に「善巧」とは、①「善良巧妙」の略であり、②上手に、巧みに、物事に習熟していること、③「善巧方便」あるいは「善権方便」と同義であり、機根に応じて好適な手だてをめぐらすことなどを意味する言葉です。この場合、「方便」とは、他を教化し開悟させるための説法手段、すなわち、仏が衆生を教え導くために用いた種々巧妙なる説法の手段方法を意味するものです。ちなみに、道元禅師は、先師（すでになくなっている師匠・先生のこと）、天童如浄和尚の偈頌《げじゅ》の一部「本来面目無二生死一、春在二梅花一入二画図一」（本来の面目生死無し、春は梅花に在って画図《わと》に入る)」を引用しつつ、「たゞ梅花をして春をつかはしむるゆゑに、画にいれ、木にいる、なり。善巧《ぜんげう》方便なり」(「梅華」Ⅲ180)と提唱されています。すなわち、「梅の花が咲くということが、まさしく春の到来を告げるのであるから、春の象徴として梅の花を画き(「画に入れ」)、そのことによって、春を梅の木と一体化して表現している(「木にいる、」)のである。先師の梅花の偈頌はまさしく春を表現するに最適最善の説示(「善巧方便」)となっている」と、道元禅師は先師の偈頌を絶賛しておられるのです。

だから冒頭の文は、「利行ということは、人間界と天上界に生を受けた衆生であれ、地獄・餓鬼・畜生・修羅などの世界に生を受けた衆生であれ、どの衆生に対しても等しく、彼らのために何か役に立つことをしてあげるという最適最善の行為・工夫を巡らすことである」という意味です。

次に、「窮亀《きゆうき》を見《み》病雀《びようじやく》を見《み》しとき、彼《かれ》が報謝《ほうしや》を求《もと》めず、唯単《ただひと》えに利行《りぎよう》に催《もよお》さる、なり」(「菩提薩埵四摂法」Ⅳ424)ということは、たとえば、中国の故事にあるように、いじめられて困っている亀を見たり、病気で弱っている雀を見たりしたときには、それらを助けてあげるためにいろいろな工夫をするものだということです(窮亀と病雀の逸話については、第五章で詳しく述べることにして、ここでは一般的理解に留めておきます)。困っている者や弱い者を見れば自ずと力を貸してあげようとすることは、ひとえに人間の自然な感情から出てくるものであり、そうしたとっさの善意の行為は、何かの代償を獲得するために行われたものなら何の価値もありません。ただひとえに真心から、困っている者を助けようという、憐憫の感情、思いやりの気持ちからなされてはじめて、善行は善行たりうるのです。

思慮の浅い人は、このような行為を見たとき、他人のためにということばかり考えていたら、自分の利益は無くなってきて、自分が損をするばかりであるというかも知れません。「愚《ぐ》人《にん》謂《おもわ》くは利佗《りた》を先《さき》とせば自《みず》から利《り》省《はぶか》れぬべし」（「菩提薩埵四摂法」Ⅳ424）という愚人の考えは、浅はかな凡夫衆生のなせるわざであります。

しかしながら、真実はそんなことにはならないのです。むしろ、他人のためになる行為は、世界全体としては、利益の循環であり、善い行為の結果は他者はもちろん、自分にも及んでくるものであり、したがって、善い行為は、他者のみならず自分のためにもなるのです。このように、利他行は社会の潤滑油となるのです。

「爾《しか》には非《あら》ざるなり、利行《りぎょう》は一法《いっぽう》なり、普《あま》ねく自佗《じた》を利《り》するなり」（「菩提薩埵四摂法」Ⅳ424）。

いつも自分のエゴの充足のために行為する人は世間の人に善くも思われず、結局は嫌われるだけであり、したがって恩恵に浴することが少なくなるのみです。これとは反対に、困っている他人を見たときに、その他人も喜ぶような行為をすれば、必ず恩義を感じてくれるというのが普通の人情です。だからこそ、他人のために尽くす行為は、必ず報われるはずであるということです。そういうふうに、人びとが相互に信頼しあい、お互いが助け合うような社会になれば、社会は安定し、人心は落ち着きを取り戻すでしょう。

たとえば、野球には「犠打」「犠牲バント」「犠牲フライ」などという言葉もあるように、自分はアウトになっても、チームプレーとしては必要不可欠なプレー（行為）があります。これこそ、己（私）を殺してチーム（公）を生かす方法なのです。利行とは、まさしく社会における犠打の精神に他なりません。そのように、利他行は、社会というチームにとっては、社会というチームの改良と前進と向上のためには必要不可欠なものなのです。

第二十四節　社会は自他一如の同事行で成り立つ――発願利生7

同事《どうじ》というは不違《ふい》なり、自《じ》にも不違《ふい》なり、佗《た》にも不違《ふい》なり、譬《たと》えば人間《にんげん》の如来《にょらい》は人間《にんげん》に同《どう》ぜるが如《ごと》し、佗《た》をして自《じ》に同《どう》ぜしめて後《のち》に自《じ》をして佗《た》に同《どう》ぜしむる道理《どうり》あるべし、自《じ》佗《た》は時《とき》に随《したご》うて無窮《むきゅう》なり、海《うみ》の水《みず》を辞《じ》せざるは同事《どうじ》なり、是故《このゆえ》に能《よ》く水聚《みずあつま》りて海《うみ》となるなり。

およそ、人が人に出会って人を助けるとか救うとかいうことは、救う人が救われる人の立場に立ってこそ成り立ちます。教える人が学ぶ人の立場に立って教えてこそ、はじめて教育も円滑に行われるのです。先生が自分の知識をただ教えるだけではだめで、生徒の立場に立って教えなければなりません。たとえば、観音様は三十三身を現じていろいろな存在者を救われます。それは、観音様が、三十三種類の存在者と同じ姿形をとって、三十三種類の存在者に説法することによって、それぞれの存在者を救うということです。王様を救うために、王様の身を現じて説法することによって王様を救い、童男童女を救うためには童男童女の身を現じて説法し、長者を救うためには長者の身を現じて説法し、婦女を救うには婦女の身を現じて説法し、それぞれを救うのです（応以……身得度者、即現……身而為説法）。世の中がうまく治まるにはこの同事という行為が必要です。(58)

ちなみに、『老子道徳経』第五十六章には、「其の光を和らげ、其の塵に同ず（和其光同其塵）」という言葉がありますが、これが「和光同塵」という言葉の出典です。老子道徳経では、真の知者は、自分の智徳の光を和らげ隠して、すなわち自分の智徳をあまり誇ることなく、俗世間の中に混じり込んで、人びとに真理を教えていくとあります。(59) はじめから真理じゃ学問じゃなどと真理の刃を振りかざすと、人びとは自信を失い、躊躇して近づいてこないのです。やはりはじめは人びとの目線と同じぐらいに身を低めて、一般大衆と同じ見地に立ち、人びとが安心するようなものであるという所から出発しなければなりません。

仏教的にいえば、それは、仏菩薩が衆生済度のために、その本地たる智と徳の光を隠して、人びとと同じような凡夫であるというところから出発して、徐々に仏の真の智慧を説き聞かせるようにしなければ、仏教を知らない衆生は、そんな高貴な世界、清浄な世界は私たちには関係ない、とても縁のない世界だと考えて付いて来ないし、近づいて来ないのです。人びとが付いて来るように、近づいて来るように、最初は人びとと同じ所から出発しなければなりません。だから、観音様は三十三身を現じて衆生済度に邁進されるのです。

そもそも宗教者の大事な資質として人の話を聞いてあげるということがありますが、本当の意味で人の話を聞いてあげるという事は相手と同じ立場に身を置かない限りは成り立ちません。俺の方がえらいのだなどと思っていてはもうすでに相手の言動は耳に入りません。だから、世間的な地位身分を忘れて、自他一如の見地に身を置かなければ、人の悩みなどとうてい理解できないのです。この時自己は日常的社会的な自己の立場を打破していなければなりません。他者もまた日常的社会的な他者の立場を突破して、相手に話を聞いてもらえるような心境になっていなければなりません。こういう立場に立っているときには、自己は自己にも違背せず、他者は他者にも違背しないで、それぞれが、仏教的な自己に目覚めている立場に立っているのです。そもそも違背とは、命令・規則・約束などに背く事です。

「同事といふは、不違なり。自にも不違なり、他にも不違なり」（「菩提薩埵四摂法」Ⅳ425）ということです。自己も他者も、仏教的な意味での真実の自己、有るべき自己になることが「自にも不違なり、佗にも不違なり」ということです。「自にも不違なり、佗にも不違なり」ということは、自己は自己を欺かず、各々の他者（の自己）は各々の他者（の自己）を欺かずということです。

「譬《たと》えば人間《にんげん》の如来《にょらい》は人間《にんげん》に同《どう》ぜるが如《ごと》し」（「菩提薩埵四摂法」Ⅳ425）とはいかなることでしょうか。

たとえば、お釈迦様は、歴史的には、今から約二千五百年前に、ゴータマ・シッダルタという釈迦族の王子として、この世に人間として生誕されて、種々の修行を経て大悟徹底して覚者・仏陀すなわち、大師釈尊となられたのです。これが「譬えば人間の如来は人間に同ぜるが如し」ということです。

「佗《た》をして自《じ》に同《どう》ぜしめて後《のち》に自《じ》をして佗《た》に同《どう》ぜしむる道理《どうり》あるべし」（「菩提薩埵四摂法」Ⅳ426）とはいかなることでしょうか。

この言葉が出てくる前に、「菩提薩埵四摂法」では、「たとへば、事といふは、儀なり、威なり、態なり」（「菩提薩埵四摂法」Ⅳ426）という言葉が出てきています。したがって、同事ということは礼儀、あるいは威儀、あるいは態度をそれぞれ同じくするということになりますが、そのときどういうことがおこるのでしょうか。たとえば、私たちが外国生活をしようとするときには、まず外国語の勉強をし、さらには外国の風俗習慣についていろいろあらかじめ学んでおかなければなりません。はじめは、日本にいながら、外国にいるかのように設定して、他者の立場を自己の立場にしようとしているわけです。そのように心の準備をした後に、実際に外国に行って生活しながら、自己を外国になじませていくわけであります。この段階においては、自己の立場そのものを他者の内に没入させていかなければなりません。こうした自己と他者との関係はいろいろな局面において語りうることができます。

日本に古来より伝えられている諸芸諸道において、それが禅の道であれ、茶道や武道であれ、最初はまず型や規則を習得してそれらに従って稽古しなければ入門すらできません。これが他をして自に同ぜしめるということです。そのように修行の型や規則が身に付いた後には、自己ははじめは疎遠な他者のように見えた型や規則と自己との一体化が可能となるわけです。道を学ぶ者は、このように最初は分かっても分からなくても、一定不変の規則に従って修行する必要があります。幾度となく、そういう練習をしているうちに、はじめは自己とは無縁に見えた普遍的規則が身に付いてきて自己のものとなるのです。これが、すなわち、「佗をして自に同ぜしめて後に自をして佗に同ぜしむる道理あるべし」という真理の一例です。

ところで、自己と他者との関係・あり方は無限に存在します。すなわち、「自佗は時に随うて無窮なり」（「菩提薩埵四摂法」Ⅳ426）です。水と海、水と氷、衆生と諸仏、凡夫と聖者などいろいろありますが、この同事というあり方が分かるのが凡夫衆生には、なかなか難しいのです。だからこそ、白隠禅師は次のようにおっしゃっています。「衆生本来仏なり、水と氷のごとくにて、水を離れて氷なく、衆生の外《ほか》に仏無し、衆生近き（仏の国、悟りの世界が自分の足下にあること）を知らずして、遠く求むるはかなさよ、例えば水の中に居て、渇《かつ》を叫ぶがごとくなり」（白隠禅師『坐禅和讃』）。

この坐禅和讃でも唱われているように、同事ということは、自然界では当たり前のことです。したがって道元禅師も、「しるべし、海の水を辞せざるは同事なり。さらにしるべし、水の海を辞せざる徳も具足せるなり。このゆゑに、よく水あつまりて海となり」（「菩提薩埵四摂法」Ⅳ426〜427）といわれます。

これは、中国の『管子《かんし》』にある言葉です。管子とは、中国春秋時代（紀元前七七〇〜四〇八年の約三百六十年間）の斉の国の恒公《かんこう》の宰相となった「管仲《かんちゅう》」の言葉を集めたものです。

「管子云く、海は水を辞せず、故に能く其の大きなることを成す。山は土を辞せず、故に能く其の高きことを成す。明主は人を厭はず、故に能く其の衆を成す」(「菩提薩埵四摂法」Ⅳ426)。海はすべてを飲み込む大きな胃袋のようなものであり、汚い水であろうと奇麗な水であろうと全部の水が海に流れて集まり来るものです。だから海は大海となるのです。山は山でどんな土も石も岩石も砂利も草も木もすべて己の構成要素とすることによって高山霊峰あるいは深山幽谷となりうるのです。それと同様に、立派な君主はあらゆる種類の人びと、多種多様な人材を抱え込んで人びとを束ねることによって一つの内容豊かな国家を作り上げることができるのです。

「帝王は人をいとはざるなり。人をいとはずといへども、賞罰なきにあらず。賞罰ありといへども、人をいとふことなし」(「菩提薩埵四摂法」Ⅳ427)。このように、賞罰が有るということは信賞必罰すなわち社会的な道徳観としての是非善悪はハッキリしているということです。

この同事は、善いこと、正しいことへの同事であって、悪しきこと、不正なことへの同事ではさらさらありません。このことは決して忘れてはならないことです。

第二十五節　発菩提心の実践は最高の功徳である――発願利生8

大凡菩提心《おおよそぼだいしん》の行願《ぎょうがん》には是《かく》の如《ごと》くの道理《どうり》静《しず》かに思惟《しゆい》すべし、卒爾《そつじ》にすること勿《なか》れ、済度摂受《さいどしょうじゅ》に一切衆生《いっさいしゅじょう》　皆化《みなけ》を被《こう》ぶらん功徳《くどく》を礼拝恭敬《らいはいくぎょう》すべし。

「大凡菩提心《おおよそぼだいしん》の行願《ぎょうがん》には（「渓声山色」Ⅱ118）是《かく》の如《ごと》くの道理《どうり》静《しず》かに思惟《しゆい》すべし、卒爾《そつじ》にすること勿《なか》れ（「仏経」Ⅲ92）」とはいかなることでしょうか。「行願」とはすでに述べましたように、誓願を実践・実行しようとすることです。「大凡（おほよそ）」とは、「だいたいにおいて、おおむね、おおよそ」という意味をもつ言葉です。「卒爾」とは、「①にわかに、だしぬけに、卒然、②そそっかしいこと、かるはずみ、卒而」ということです。したがって、上記の文意は、「一般に菩提心を実践・実行しようとする願（行願）にあたっては、以上に述べたような「布施・愛語・利行・同事」の道理を冷静に思惟しなければならず、慌てて事を成してはだめである」ということです。

次の「済度《さいど》摂受《しょうじゅ》に一切衆生《いっさいしゅじょう》　皆化《みなけ》を被《こう》ぶらん功徳《くどく》を礼拝恭敬《らいはいくぎょう》すべし」（「礼拝得髄」Ⅱ183）とはいかなることでしょうか。

「済度」とは、救済し度脱させること、つまり、生死の苦海に沈んでいる衆生を救済し涅槃の岸辺へと渡（度）しその苦海から離脱（度脱）させることです。「摂受」とは、受け入れることです。したがって、「済度摂受」とは、迷い苦しんでいる衆生をすべて自分のもとに受け入れ包み込んで救済し解脱させることです。

したがって、後半の文意は「すべての悩みを受け入れ救済しようとする菩薩の誓願の実践・実行によって、すべての衆生が教化されるという、広大無辺なる功徳を礼拝し恭しく敬わなければならないのである」ということになります。なお、ここの「礼拝得髄」の引用文は、二十八巻本（『秘密正法眼蔵』）にのみ収められているもので、七十五巻本「礼拝得髄」では削除されています。

いずれにしろ、『修証義』の第四章「発願利生」の中心思想は、一切の衆生を利益するという誓願を発して、四摂法（布施・愛語・利行・同事）を実践するという点にあります(60)。四摂法はすべて菩薩の誓願です。菩薩の誓願とは、大乗仏教の根本的特徴を表現するものであり、自らがいまだに仏になる前に他者を済度するのだ（自未得度先度他）という願を実践することです。

一般に禅宗といえば、他人を救う前に、各自銘々の悟りを開くのが使命であると考えられていますが、はたしてそうでしょうか。たしかに、自分さえ救えない者は他人を救うことはできないというのも真実でしょう。だが、本当に自分が悟るということができることなのでしょうか。それよりもまず他人を、目の前で苦しんでいる人がいれば、その困っている人を救うということが大事なことではないでしょうか。

　他人を救うことができる人は、その限りにおいて、その程度において、すでに悟っているのです。他人を救うほどの慈悲心がある人ならば、その程度においてその人自身の人格は完成しているのです。他者が救える人は大変尊い行為者であり、慈悲心の具体的実現者です。こうした慈悲行の実践こそが仏教そのものを根底から支えている菩薩道です。

　誓願といえば、四十八の誓願を立てたとされる阿弥陀如来の誓願を説く浄土教に独占されているものだとひたすら思いこんで、禅宗には無縁なことだとみなすならば、それは邪見です。ではなぜ道元禅師は、禅宗でありながら、誓願を強調されるのか。道元禅師の言葉に、「仏仏祖祖、先ず誓願を発して衆生を済度し、而して苦を抜き楽を与える、乃ち家風なり」（『永平広録』巻第六）とあります。また道元禅師自身も、「日本国越宇、開闢永平寺沙門道元、また誓願を発す（中略）一に今日の本師釈迦牟尼仏のごとくにして異ならざらん、と」（『永平広録』巻第二）と称えて、釈迦牟尼仏を敬慕し、釈迦牟尼仏と一体同化したいという誓願を発しておられます。[61]

　太祖瑩山《けいざん》禅師も、『洞谷記《とうこくき》[62]』五九において、二五歳の時に「観音のごとく大悲闡明の弘誓願を発す」と記されています。また、示寂《じじゃく》の前年、「両願を発す。いわく、（中略）一願は生々に菩提心を発さん（中略）。一願は今世の悲母懐《え》観《かん》大姉が最後の遺言において領納する発願は、これまた女流済度の菩薩なり、あへて欺くべからず、遺命にまかせてこれを護持すべし」とあります。このように瑩山禅師は、観音信仰篤き母君の遺言（女流済度）を自らの誓願として、積極的に女性を住職に採用されたそうです。

エゴイズム旺盛の時代だからこそ、この誓願に生きる者が一人でも多ければ、個人としても誓願的行為の瞬間が多くなればなるほど、世のため人のために生きる時間が多くなっているのです。社会福祉とか、ボランティア活動とかいうものはまさしく誓願の行為でなければはなりません。一人でも多く、一刻でも長く誓願に生きる者が出現するような社会でなければなりません。それが、まさしく民度の高い社会であり、進化した人類です。

いろいろな種類の誓願があるけれども、私たち仏教徒の誓願として基本的なものは、四種の誓願つまり「四弘《しぐ》誓願文《ぜいがんもん》」すなわち、四つの弘（広）大なる誓願です。それらは、すなわち、「①あらゆる存在者を助けること（衆生無辺誓願度）、②あらゆる迷いの根源を断ち切ること（煩悩無尽誓願断）、③あらゆる真理を学習すること（法門無量誓願学）、④この上ない仏道を実現すること（仏道無上誓願成）」が本当にできれば、立派な仏教徒です。

第五章　行持報恩

第二十六節　この世に生まれ仏に出会う喜び――行持報恩1

此《この》発菩提心《ほつぼだいしん》、多《おお》くは南閻浮《なんえんぶ》の人身《にんしん》に発心《ほっしん》すべきなり、今是《いまかく》の如《ごと》くの因縁《いんねん》あり、願《がん》生此娑婆国土《しょうししゃばこくど》し来《きた》れり、見釈迦牟尼仏《けんしゃかむにぶつ》を喜《よろこ》ばざらんや。

第五章の表題は、「行持報恩」となっています。それは、「行持をすることによって恩に報いる」という意味です。世の中には何周年記念とかの名のもとにいろいろな「行事」すなわち、記念事業が行われていますが、仏教における行持とは、何年かぶりに「事を行う」記念事業ではなくて、絶え間なく不断に「修行護持する」意味での「行持」であり、それはあくまで自己の修行であり、かつその修行の持続です。記念行事においても、もちろん先人の偉業に対する感謝の念がなければできないことですが、この行持報恩には、感謝の気持ちと同時に報恩の気持ちが必要です。感謝の念なしには本当の意味での報恩はできません。この第五章で展開されている考え方の根底には、人間として生まれてきたことへの感謝と同時に仏法に出会い得たことへの感謝の気持ちがおかれています。

さてそれでは本文について考えてみましょう。「此発菩提心《このほつぼだいしん》、多《おお》くは南閻浮《なんえんぶ》の人身《にんしん》に発《ほっ》心《しん》すべきなり」（「発菩提心」Ⅳ178）。菩提心を発《おこ》すということは、たいていは南閻浮提《なんえんぶだい》（南洲）に生まれてくる存在者、つまりはいわゆる人間、この地球上に住んでいる私たち人類によって行われるものである、と。それでは、「南閻浮提（南洲）」とはどのようなものでしょうか。

古代インドの宇宙論によれば、世界の中心には須弥山《しゅみせん》（Sumeru）――お寺の本尊仏が祀られている須弥壇《しゅみだん》という名前もこれに由来します――という高山（だから須弥山を意訳して妙高山ともいいます）があり、その北、東、南、西の各面が、それぞれ黄金と白銀と瑠《る》璃《り》と玻璃《はり》（水晶の類、ガラス）でできており、周りを九山八海によって囲まれているそうです。なお、この須弥山は、金輪《こんろん》の上の中心部に十六万由旬《ゆじゅん》（一由旬〈yojana〉は約七キロメートル）の高さにそびえ、その半分は水中にあり、頂上には帝釈天の宮殿があり、山腹には四天王（東方持国天、南方増長天、西方広目天、北方多聞天＝毘沙門天）の住居があるとされます。そして、その最も外側の海中の四方には島（四大洲《しだいしゅう》）があり、その中の北の島は北洲または北倶《ほっく》蘆洲《ろしゅう》、東の島は東勝身洲《とうしょうしんしゅう》、南の島は南洲または南贍部洲《なんせんぶしゅう》（＝南閻浮《なんえんぶ》提《だい》）、西の島は西牛《さいご》貨洲《けしゅう》と呼ばれ、その際北洲は方形を、東洲は半円形を、南洲は台形を、西洲は円形をなしているとされます。しかも、南洲には人間が住んでいて、仏法を信ずる善良な国柄であるが、北洲の住民は、寿命が千歳もあって、余りにも長生きできるものだから、仏法が行われず、信仰心が起こらないといわれています。このことは、すなわち、生死の苦しみにもがくところから、かえって菩提心や信仰心が起こるということを物語っているわけです。

道元禅師も三歳のときに父が、八歳のときに母が亡くなられたという根本事実によって、あのように立派な宗教家・哲学者となりえました。父母ともに健在であったとしたならば、多分政治家あるいは歌人にでもなっていたかもしれません。その意味において、南閻浮提の比喩はまことに味わい深いものがあります。[63] したがって、道元禅師は、『正法眼蔵』「八大人覚」の巻において、「仏法にあふたてまつること、無量劫にかたし。人身《にんしん》をうること、またかたし。たとひ人身をうくといへども、（北洲を除く）三洲の人身《にんしん》よし。そのなかに、南洲の人身すぐれたり、見仏聞法《けんぶつもんぽふ》、出家得道《しゅつけとくだう》するゆゑなり」（Ⅳ413〜414）と述べておられます。

「今是《いまかく》の如《ごと》くの因縁《いんねん》あり（「渓声山色」Ⅱ120）、願生此娑婆国土《がんしょうししゃばこくど》し来《きた》れり（「見仏」Ⅲ226）、見釈迦牟尼仏《けんしゃかむにぶつ》を喜《よろこ》ばざらんや」（「見仏」Ⅲ225）。

今、南閻浮提に生を受けてこのように地上に出現する因縁になったのですが、これはまさしく、まず父と母が子どもの生誕を願い、祖父と祖母が孫の生誕を願い、何よりも生命体ないしは胎児としての各自銘々の命がまさしく因縁に恵まれてこの娑婆世界に生まれてきたいと願ったからに他ならないのです。「娑婆（sahā）とは、「忍土・堪忍土」の意味であり、苦楽相半ばする世界であるがゆえに、その苦しみを堪え忍んでいかなければならない所なのです。そういうふうに娑婆世界に生まれてきただけではなくて、このように「遇い難き仏法に値《お》う」ことができたのであります。仏教に値《お》うということは、見仏、すなわち、お釈迦様を見奉ることでもあります。坐禅は人間のゴータマ・シッダルタが悟りを開いて正智を開発され、人格を完成した覚者としての釈迦牟尼仏となられたお姿であります。したがって、坐禅をするということはお釈迦様の姿を自らのものとする具体的な修行方法であり、坐禅できる喜びとは仏陀を自ら体験し再現する喜びでもあるわけで、まさしく「見釈迦牟尼仏《けんしゃかむにぶつ》を喜《よろこ》ばざらんや」（「見仏」Ⅲ225）となるわけであります。

だからこそ、仏陀の生涯最後の説法としての『仏遺教経《ぶつゆいきょうぎょう》（仏垂般涅槃略説教誡経《ぶっしはつねはんりゃくせつきょうかいきょう》）』において、仏陀は「転展してこれ（八大人覚）を行ぜば、如来の法身、常に在《い》まして而も滅せざるなり」と遺言されているのです。禅宗、それも私たちのように道元禅師の弟子たる者は、坐禅を中心にして、宗教的生活を導いていくことが、仏陀の遺言を目の当たりに実現し再現することです。宗教的生活というものは、決して抽象的なもの（概念的なもの）ではなくて、具体的なもの（現実的なもの）でなければなりません。このような坐禅という、禅宗の、しかも道元禅師の只管打坐《しかんたざ》の坐禅に巡り会えるということは難値難遇であるにもかかわらず、釈尊滅後約二千五百年、また道元禅師滅後七百五十六年の本月本日この田舎の古くさい寺、七百年弱の歴史を持つ長府功山寺において、坐禅をするという因縁にたどり着いているのであります。お互いにとってまことに有り難き幸せでなくて何でありましょうか。この坐禅は自分自身の修行であると同時に、お釈迦様や道元禅師といった過去の偉大な仏祖のご恩に感謝する行持でもあるわけです。

第二十七節　正しい教え（正法）にあうことを願う——行持報恩2

静《しず》かに憶《おも》うべし、正法世《しょうぼうよ》に流布《るふ》せざらん時《とき》は、身命《しんめい》を正法《しょうぼう》の為《ため》に抛捨《ほうしゃ》せんことを願《ねご》うとも値《お》うべからず、正法《しょうぼう》に逢《お》う今日《こんにち》の吾等《われら》を願《ねご》うべし、見《み》ずや、仏《ほとけ》の言《のたま》わく、無上菩提《むじょうぼだい》を演説《えんぜつ》する師《し》に値《あ》わんには、種姓《しゅしょう》を観《かん》ずること莫《なか》れ、容顔《ようがん》を見《み》ること莫《なか》れ、非《ひ》を嫌《きろ》うこと莫《なか》れ、行《おこない》を考《かんが》うること莫《なか》れ、但般若《ただはんにゃ》を尊重《そんじゅう》するが故《ゆえ》に、日日三《にちにちさん》時《じ》に礼拝《らいはい》し、恭敬《くぎょう》して、更《さら》に患悩《げんのう》の心《こころ》を生《しょう》ぜしむること莫《なか》れと。

「静《しず》かに憶《おも》うべし、正法世《しょうぼうよ》に流布《るふ》せざらん時《とき》は、身命《しんめい》を正法《しょうぼう》の為《ため》に抛捨《ほうしゃ》せんことを願《ねご》うとも値《お》うべからず、正法《しょうぼう》に逢《お》う今日《こんにち》の吾等《われら》を願《ねご》うべし」（「行持下」Ⅰ359）。

「静かに憶うべし」ということは、心静かに憶念《おくねん》想起してみよ、ということです。何を憶念想起すべきかというと、正法がこの世に流布していないときは、身命を正法のために捧げたいと願ったとしても、そもそも正法にさえ遭うことができません。いくら仏法のために身を粉にしようと発心しても、そもそも仏法がこの世界のなかに存在しなければ、いくらそのことを冀《こいねが》っても、会えないのですから、現実に生きているいまここで正法に会えることを願うのが良いのです。すでに第一章第一節で「人身得ること難し、仏法値《お》うこと希《まれ》なり」といわれていたように、そもそも人間として生まれることも簡単なことではなく、ましていわんや仏法に遭うことなど類い希なことです。

ちなみに、お経本を繙《ひもと》くときに最初に称える偈としての「開経偈《かいきょうげ》」の文言は、「無上甚《むじょうじん》深微妙法《じんみみょうほう》、百千万劫難遭遇《ひゃくせんまんごうなんそうぐう》、我《が》今見聞得受持《こんけんもくとくじゅーじー》、願解如来真実義《がんげにょーらいしんじつぎー》（無上甚深微妙の法は百千万劫にも遭い遇うこと難し。我今見聞《われいまけんもん》し受持することを得たり。願わくは如来真実の義を解せん）」となっています。その意味は、「この上なく深遠ですばらしい真理は、無限の長い時間を経ても出会うことはできない。それにもかかわらず、私は今この深くすばらしい真理の教えを見聞することができた。如来が説かれた教えの真実の意味を理解したいということを、ただひたすら願うのみである」ということです。

『修証義』の第五章つまり「行持報恩」では、『正法眼蔵』の「行持」の巻からの引用が中心となっています。たとえば、「静かに憶うべし」の一節は、「行持」の巻下の香厳智閑《きょうげんしかん》禅師（?～八九八）の次のような偈頌を引かれた後に語られている言葉です[64]。

「百計千方只為㆑身、不㆑知身是塚中塵、莫㆑言白髪無㆓言語㆒、此是黄泉伝語人（百計千方只《はくけいせんぽうただ》身の為なり、知らず、身は是れ塚《つか》の中の塵《ちり》なること。言ふこと莫《なか》れ白髪に言語《ごんご》無しと、此れは是れ黄泉伝語の人なり）」（「行持」Ⅰ358）。

これを現代語訳すれば次のようになります。

まず「百計千方只身の為なり、知らず、身は是れ塚の中の塵なることを」とはどういうことでしょうか。百計千方とは種々の計略方術のことです。たしかに、私たち、人間凡夫というものは、生まれてこの方、いろいろな思慮分別・知見解会を働かして百計千方いたしますが、それはみなことごとく、しょせんは「自分自身のためにする計らいごと」であります。このようにあくせくするのは、自分の身体が無常の身であって結局は墓石や土砂の中の塵芥に過ぎないことをしばし忘れていて、うかつにも永遠不変の実体であると錯覚してしまっているからです。だから、私たちの勝手な思いこみで、白髪で死んでいったほとけさんには言葉がないと決していってはならない。白髪の人で死んでいった人こそ、まさに冥土の言づてを持ってくる人なのだから決して無視してはいけないのです（「言ふこと莫《なか》れ白髪に言語《ごんご》無しと、此れは是れ黄泉伝語の人なり」）。

さらに、道元禅師はこの偈頌に続けて次のように仏の道をお説きになっています。

「しかあればすなはち、をしむにたとひ百計千方をもてすといふとも、つひにはこれ塚《ちよう》中《ちゆう》一堆《たい》の塵《ちり》と化《け》するものなり。いはんやいたづらに小国の王民につかはれて、東西に馳《ち》走《そう》するあひだ、千辛万苦《せんしんばんく》いくばくの身心をかくるしむる。義によりては身命《しんみやう》をかろくす、殉死《じゆんし》の礼わすれざるがごとし。恩につかはるゝ前途、たゞ暗頭《あんてう》の雲霧なり。小臣につかはれ、民間に身命《しんみやう》をすつるもの、むかしよりおほし。をしむべき人身《にんしん》なり、道器《だうき》となりぬべきゆゑに。いま正法にあふ、百千恒沙《がうじや》の身命をすてても正法を参学すべし。いたづらなる小人と、広大深遠《くわうだいじんのん》の仏法と、いずれのためにか身命をすつべき。賢不肖ともに進退にわづらふべからざるものなり」（「行持下」Ｉ358～359）。

これを現代語訳すれば次のようになります。

「そういう次第であるから、自らの身命を惜しんでたといあれこれと計算し思案しても、結局は墓の中のひとかたまりの塵芥になるだけである（「しかあればすなはち、をしむにたとひ百計千方をもてすといふとも、つひにはこれ塚中一堆の塵と化するものなり」）」ということです。

そんなことでは、ただ忠義のために身命を軽んずるだけであり、その上親方が死ねばそれに殉じて死んでいくという習慣的儀礼を忘れないだけのはなしである（「義によりては身命をかろくす、殉死の礼わすれざるがごとし」）。そんなことでは、恩義のために仕え使われる前途はお先真っ暗で、雲や霧がかかっているようなもので、まったく展望がないのである（「恩につかはるゝ前途、ただ暗頭の雲霧なり」）。

それなのに、いたずらに日本国という小さな国の王族やその家来の者たちにこき使われて、東奔西走してあくせく走り回っている間、たくさんの艱難辛苦をなめて、どれほど身を貶《おとし》め軽んじているかがまったくわかっていないのである（「いはんやいたづらに小国の王民につかはれて、東西に馳走するあひだ、千辛万苦いくばくの身心をかくるしむる」）。小物の大臣に使われ、人民同士のつきあいの中で身命を捨てていく者は昔からたくさんいたのである（「小臣につかはれ、民間に身命をすつるもの、むかしよりおほし」）。

本来ならば、仏道に仕えるべき器量を持っているのに実に惜しむべき人身である（「をしむべき人身なり、道器となりぬべきゆゑに」）。さらにまた、私たちは今幸いに正しい教え

（正法）に出会うことができたのだから、百千万億の身命を捨てても正法を参究し学習しなければならない。考えてもみなさい、小さな人間のために身命を捨てるのと、広く大きく深遠なる仏法のために身命を捨てるのとどちらが大事であるかよく考えなければだめである（「いま正法にあふ、百千恒沙の身命をすてても正法を参学すべし。いたづらなる小人と、広大深遠の仏法と、いづれのためにか身命をすつべき」）。

　したがって、賢者であろうと、愚人であろうと、どちらの道をとるべきかについてはまったく迷う必要のない事柄である（「賢不肖ともに進退にわづらふべからざるものなり」）。なぜなら、その昔釈尊がすでにインドのカースト制度の悪弊に禍されることなく、その身分差別にとらわれない沙門の道を開かれたように、仏道は、まさしく老若男女、賢人愚人、貧富の差も問わない道だからである」。

　道元禅師は、このような仕方で、先述の香厳智閑《きょうげんしかん》禅師の偈頌についての解釈を展開された後に、ここの『修証義』の言葉「静《しず》かに憶《おも》うべし、正法世《しょうほうよ》に流布《るふ》せざらん時《とき》は、身命《しんめい》を正法《しょうぼう》の為《ため》に抛捨《ほうしゃ》せんことを願《ねご》うとも値《お》うべからず、正法《しょうぼう》に逢《お》う今日《こんにち》の吾等《われら》を願《ねご》うべし」（「行持下」Ｉ359）を提唱されているのです。

　それでは、『修証義』第二十七節の後半の文章の意味を考えてみましょう。

「見《み》ずや、仏《ほとけ》の言《のたま》わく、無上菩提《むじょうぼだい》を演説《えんぜつ》する師《し》に値《あ》わんには、種姓《しゅしょう》を観《かん》ずること莫《なか》れ、容顔《ようがん》を見《み》ること莫《なか》れ、非《ひ》を嫌《きろ》うこと莫《なか》れ、行《おこない》を考《かんが》うること莫《なか》れ、但般若《ただはんにゃ》を尊重《そんじゅう》するが故《ゆえ》に、日日三時《にちにちさんじ》に礼拝《らいはい》し、恭敬《くぎょう》して、更《さら》に患悩《げんのう》の心《こころ》を生《しょう》ぜしむること莫《なか》れと」。

「見ずや」とは、「見たことはないか、知らないか」という意味です。したがって、「見《み》ずや、仏《ほとけ》の言《のたま》わく、無上菩提《むじょうぼだい》を演説《えんぜつ》する師《し》に値《あ》わんには、種姓《しゅしょう》を観《かん》ずること莫《なか》れ、容顔《ようがん》を見《み》ること莫《なか》れ、非《ひ》を嫌《きろ》うこと莫《なか》れ、行《おこな》いを考《かんが》うること莫《なか》れ、但般若《ただはんにゃ》を尊重《そんじゅう》するが故《ゆえ》に」（「礼拝得髄」Ⅱ161）とは、「お釈迦様が次のようにいわれたことを知らないだろうか、いや知っているであろう、すなわち、この上なく最高の悟り（阿耨多羅三藐三菩提）をお説きになる先生に会いたいと思えば、生まれとか氏素性を考えてはいけないし、美人だとかハンサムだとかを規準にしてはならない、欠点を嫌ってはならない、その行状にとらわれてはいけないのである。大事なことは、仏教の先生に就いて仏の道を学ぶときには、先生が本当の智慧としての般若を具えていらっしゃるかどうかを規準としなければならない」という意味になります。

「日日三時《にちにちさんじ》に礼拝《らいはい》し、恭敬《くぎょう》して、更《さら》に患悩《げんのう》の心《こころ》を生《しょう》ぜしむること莫《なか》れと」（「礼拝得髄」Ⅱ161）とは、「ただまさに、毎日毎時間毎時間、朝昼晩、寝ても覚めても四六時中、師およびその教えを礼拝し敬い奉っていかねばならず、患《わず》らい悩むこと、すなわち、疑いの心（患悩《げんのう》の心）を起こしてはならない」という意味になります。

今の日本の仏教の現実情況をつぶさに観察するならば、ささやかであっても生きた仏法を各地方寺院で実践していくことほど大事なことはないでしょう。本山とか僧堂にいる間は一生懸命修行しているけれども、自分の寺に帰ると途端に堕落して、坐禅も忘れてしまうようでは、修行が本物ではなかったということになります。しかし実際にはほとんどの僧侶は地方の寺院に帰っていくわけであり、なおかつ地方寺院で過ごす時間のほうが遥かに長いわけですので、生涯的には自分の寺での修行のほうがよほど重要になります。だからこそ、現実に生きている人びとを相手にして、地方寺院でこそ生きた仏法を実現していかなければなりません。ここで今していることは本当に正法に値するものかどうか、各自銘々考えてみなければなりません。どこが正法であり、どこが正法でないかを察知して、正法の部分をできるだけ増やしていく工夫をし続けることが肝要です。

第二十八節　人類は報恩感謝の念を忘れてはならない——行持報恩3

今《いま》の見仏聞法《けんぶつもんぼう》は仏祖《ぶっそ》面面《めんめん》の行持《ぎょうじ》より来《きた》れる慈恩《じおん》なり、仏祖《ぶっそ》若《も》し単伝《たんでん》せずば、奈何《いか》にしてか今日《こんにち》に至《いた》らん、一句《いっく》の恩尚《おんな》お報謝《ほうしゃ》すべし、一法《いっぽう》の恩尚《おんな》お報謝《ほうしゃ》すべし、況《いわん》や正法眼蔵無上大法《しょうぼうげんぞうむじょうだいほう》の大恩《だいおん》これを報謝《ほうしゃ》せざらんや、病雀《びょうじゃくな》尚お恩《おん》を忘《わす》れず、三府《さんぶ》の環能《かんよ》く報謝《ほうしゃ》あり、窮亀尚《きゅうきな》お恩《おん》を忘《わす》れず、余不《よふ》の印能《いんよ》く報謝《ほうしゃ》あり、畜類尚《ちくるいな》お恩《おん》を報《ほう》ず、人類争《じんるいいかで》か恩《おん》を知《し》らざらん。

「今《いま》の見仏聞法《けんぶつもんぽう》は仏祖面面《ぶつそめんめん》の行持《ぎょうじ》より来《きた》れる慈恩《じおん》なり、仏祖若《ぶつそも》し単伝《たんでん》せずば、奈何《いか》にしてか今日《こんにち》に至《いた》らん」（「行持下」Ⅰ360）。

いまここで私たちが仏を拝見することができ、その教えを聞くことができるのは、もともと諸仏諸祖が、師匠と弟子としてじきじきに相対して修行し護持することによって教え伝えた、慈愛に満ちたご恩のおかげです。だから、もし仏祖たちがそのように師匠から弟子へと一人ずつ丁寧に伝えて（単伝）いかなかったならば、どのようにして今日このような仏法が伝わったといえましょうか。

「一句《いっく》の恩尚《おんな》お報謝《ほうしゃ》すべし、一法《いっぽう》の恩尚《おんな》お報謝《ほうしゃ》すべし、況《いわん》や正法眼蔵無上大法《しょうぼうげんぞうむじょうだいほう》の大恩《だいおん》これを報謝《ほうしゃ》せざらんや」（「行持下」Ⅰ360）。

ただ言葉の一句が伝えられたとしても、その一句に対しても報恩感謝の念を抱かなければなりません。また、ただ一つの真理・教えが伝えられているにすぎないとしても、その一つの真理が伝えられたことに対する報恩感謝の念を持たなければなりません。まして、正法眼蔵というこの上ない最高最尊の大真理が今日教え伝えられたということへの大恩に報恩感謝の気持ちを持たないでおられましょうか、否、そんなことはありうるはずがないのです。ここでいう正法眼蔵とは、道元禅師の主著の『正法眼蔵』ではなくて、釈尊が教え説かれた真理そのものです。

ちなみに、「正法眼蔵」とは、禅宗の伝統に従えば、釈尊が霊山会上において一枝の金波羅華を拈じて、言説を超えた仏法の端的なる真理を提示されたとき、摩訶迦葉尊者のみが、その密意を察知して、にっこりと（破顔）微笑したので、釈尊は「吾に正法眼蔵、涅槃妙心、実相無相、微妙の法門有り、不立文字・教外別伝をもて、摩訶迦葉に付嘱す」（『無門関』第六則(65)）と宣告されたという故事に由来する言葉です。この「正法眼蔵」とは釈尊すなわち仏陀の悟りそのものであります。その仏陀の悟りは「阿耨多羅三藐三菩提(anuttarā-samyaksambodhih)」と呼ばれますが、それは「無上正等正覚」すなわち、「この上なく正しい悟り」といわれるものです。文字通り大悟徹底したものです。それは同時に「無上大法」であり、したがって、正法眼蔵と無上大法とは同義語と考えてもよいもので、その尊さを表現すべく、同じ内容のものを二度繰り返したものです。

「病雀尚《びようじやくな》お恩《おん》を忘《わす》れず、三府《さんぷ》の環能《かんよ》く報謝《ほうしや》あり、窮亀尚《きゆうきな》お恩《おん》を忘《わす》れず、余不《よふ》の印能《いんよ》く報《ほう》謝《しや》あり（「行持下」Ⅰ360）、畜類尚《ちくるいな》お恩《おん》を報《ほう》ず、人類争《じんるいいかで》か恩《おん》を知《し》らざらん（「袈裟功徳」Ⅳ121）」。

その昔、中国後漢（二五～二二〇年）の時代の人、楊宝《ようほう》が九歳の時、病気で体力の衰えて弱っている雀を助けたことの報いとして、言い換えれば、この楊宝への恩を忘れなかった雀の報恩行為の結果として、楊宝は四代の子孫に至るまで「三府」すなわち「三公の位」に登りつめることができたという故事に基づくものです。三公とは、天子を補佐する三人で、中国の周代には太師・太傅《たいふ》・太保、西漢末には大司馬・大司徒・大司空などと呼称されました。また、「環」とは、黄衣の童子が楊宝の夢枕に立って、白環四枚を楊宝に与え、「君が子孫三公の位にまで登ること、この環の如し」と予言したことに基づくものです。白環四枚は、子孫が四代にわたって位人臣を極めることを象徴したものです。

　さらにまた、「窮亀尚お恩を忘れず、余不の印能く報謝あり」とは、浙江省呉興県余不亭という場所で、捕らえられていた亀を助けて川に放流した孔愉（字敬康）に対する報恩のために、後にその亀が報いたという『晋書』[66]六三に載せられている故事に基づく話です。すなわち、亀の報恩行のおかげで、孔愉は奇しくも余不亭の長官に任命されたので、長官の印鑑に亀を彫らせたという話です。

　これらの話は、すべて、善因善果、悪因悪果という因果応報思想に基づくものです。このような因果思想は人間界における基本的な倫理の根幹です。これが信じられなければ人間界の調和は崩れてしまうでしょう。ともあれ、病気の雀や困窮した亀が、彼らを助けた人間に報恩感謝の行為を忘れなかったというのに、万物の霊長たる人類が報恩行為を忘れてしまってよいわけがありません。それが「畜類尚《ちくるいな》お恩《おん》を報《ほう》ず、人類争《じんるいいかで》か恩《おん》を知《し》らざらん」（「袈裟功徳」Ⅳ121）ということです。

ところで、『心地観経』では「父母、衆生、国王、三宝」の恩、『釈氏要覧』では「国王、父母、師友、檀越」の恩、平家物語（巻二）では「天地、国王、父母、衆生」の恩がそれぞれ説かれています(67)。父母の恩は人間として生まれたことへの一般的かつ最も基本的な恩ですが、三宝への恩は、仏教に出会い得たことへの恩です(68)。

今日ではこうした報恩行がなおざりにされているのではないでしょうか。現代では、国王の恩というのはわかりにくいものになっていますが、国家とか社会とか会社とか団体とかの存在は一方においては強制的圧力にはなっていますが、他方においてそういう目に見えない、大きな力のおかげで個人が安心して生きておられるということも事実です。とにかく、忘れてはならないのは、そもそも今日このようにして私たちが生きられているということは、いろいろな方がたのおかげであるという意味では、人間と自然への恩を忘れてはなりません。

第二十九節　日々の行持が仏恩感謝の正道である——行持報恩4

其報謝《そのほうしや》は余外《よげ》の法《ほう》は中《あた》るべからず、唯当《ただまさ》に日日《にちにち》の行持《ぎようじ》、其報謝《そのほうしや》の正道《しようどう》なるべし、謂《いわ》ゆるの道理《どうり》は日日《にちにち》の生命《せいめい》を等閑《なおざり》にせず、私《わたくし》に費《つい》やさざらんと行持《ぎようじ》するなり。

前節における、病雀と窮亀の報恩感謝の行為に対して、万物の霊長と考えられている人類はそもそもどのような報恩感謝の行為をなせばよいのかという大命題が残されています。これをうけて、この二十九節では、その報恩感謝のやり方としては、仏法行持以外にはあり得ないと述べることからはじめられているのです。すなわち「其報謝《そのほうしや》は余外《よげ》の法《ほう》は中《あた》るべからず」（「行持下」Ⅰ367）と。そして、「唯当《ただまさ》に日日《にちにち》の行持《ぎようじ》、其報謝《そのほうしや》の正道《しようどう》なるべし」（「行持下」Ⅰ368）、すなわち、ただ日々の行持のみが、報恩感謝するための正しい道であるということが示されているのです。

しかも、「謂《いわ》ゆるの道理《どうり》は日日《にちにち》の生命《せいめい》を等閑《なおざり》にせず、私《わたくし》に費《つい》やさざらんと行持《ぎようじ》するなり」（「行持下」Ⅰ368）、すなわち、この日々の行持を実行するということの道理・筋道は、日々の生命をただいい加減に中途半端な生き方に使わずに、だからこそ、決してたんなる私事、つまり自分の好き勝手に生きるのではなくて、できる限りにおいて仏の功徳に報恩感謝するために配慮しつつ生きていかなければなければならないのです。

ところで、この二十九節の原文は、「行持下」の巻では、次のような文章の脈絡において書かれているものです。

「しづかに観想すらくは、初祖いく千万の西来ありとも、二祖もし行持せずは、今日の飽学措大《はうがくそだい》（十分に参学し尽くして大事を明らめた人）あるべからず。今日われら正法を見聞するたぐひとなれり、祖の恩かならず報謝すべし。その報謝は、余外《よげ》の法（仏教・仏法以外の方法・方途）はあたるべからず、身命《しんみやう》も不足なるべし、国城もおもきにあらず。国城は他人にもうばはる、親子にもゆづる。身命は無常にもまかす、主君にもまかす、邪道にもまかす。しかあれば、これを挙《こ》して報謝に擬するに不道なるべし。たゞまさに日々の行持、その報謝の正道《しやうだう》なるべし」（「行持下」I 367〜368）。

これを現代語訳すれば以下のようになるでしょう。

「心静かに考えておかねばならないのは、初祖菩提達磨大和尚がたとい幾千万回インドから中国へと渡ってきたとしても、もし二祖太祖慧可大和尚が初祖の教えを修行護持することがなかったならば、今日見られるような、十分に参学し尽くして大事を明らめた人が現れることはできなかったであろう。おかげで今日私たちが正しい仏法を見聞する者となり得たのであるから、私たちは祖師の恩に絶対に報謝しなければならないのである。報恩感謝に徹底するためには、もっぱら仏道修行に専念して世俗的なことに心を奪われてはだめである。身命を捨てるつもりで修行しても仏道には不足なのである。国も城も仏法にくらべれば重きをなすものではない。国や城は他人に奪われたり、親が子に譲ったりするものである。『光陰《こういん》は矢《や》よりも迅《すみや》かなり、身命《しんめい》は露《つゆ》よりも脆《もろ》し』（『修証義』第三十節）というように、身命は無常にも依存するし、あるいは主君の運命にも依存するし、あるいは邪道にも影響されるものである。そういう次第であるから、世俗的行為でもって報恩感謝しようとしても不可能である（これを挙《こ》して報謝に擬するに不道なるべし）。ただまさに日々の行持（修行護持）だけが報恩感謝の正しい道である」。

前段の最後尾の文章「唯当《ただまさ》に日日《にちにち》の行持《ぎょうじ》、其報謝《そのほうしゃ》の正道《しょうどう》なるべし」に続いて、次の「謂《いわ》ゆるの道理《どうり》は日日《にちにち》の生命《せいめい》を等閑《なおざり》にせず、私《わたくし》に費《つい》やさざらんと行持《ぎょうじ》するなり」からはじまる段落がこれに続いてはじまるのです。

「いはゆるの道理は、日々の生命を等閑にせず、わたくしにつひやさざらんと行持するなり。そのゆゑはいかん。この生命は、前来の行持の余慶なり、行持の大恩《だいおん》なり。いそぎ報謝すべし。かなしむべし、はづべし、仏祖行持の功徳分より生成《しやうじやう》せる形骸《けいがい》を、いたづらなる妻子のつぶねとなし、妻子のもちあそびにまかせて、破落《はらく》をしまざらんことは」

（「行持下」Ⅰ368）。

これを現代語訳すれば以下のようになるでしょう。

「その言うところの道理は、日々の生命をおろそかにせず、自分勝手な生き方をせずに、正しい行持に専念すべきである。そのわけはそもそもどういうことであろうか。今日の生命は、これまでの諸仏の行持のお陰であり、諸仏の行持の大恩である。だからただちに報恩感謝すべきことである。したがって、悲しむべきこと、恥ずべきことは、仏祖の行持の功徳によってこのように生まれ形成されてきたこの我が身を、いたずらに妻子のしもべにおとしめて、妻子に翻弄されるのにまかせて落ちぶれさせていることである」。

要するに、この第二十九節において述べられていることの眼目は、「日々の行持」を行っていくことです。そもそも行持とは、為すべきことを修行護持することです。そして、日々とは、毎日毎日ということであり、毎日は二十四時間、二十四時間は一時間の二十四倍から成り立ち、毎時間は毎六十分、毎分は毎六十秒、要するに時々刻々から成り立つのであるから、日々の行持とは、時々刻々をおろそかにするなということにもなります。したがってまた、時々刻々の生命を無為に過ごさず、しかも仏祖の行持にささげる生命であるから、自分勝手な気ままな人生でもないのです。仏道を修行しようとする者はたんなる私的な欲望を満たすことは許されないのです。こんな功山寺のような地方寺院の生活でもほとんどの生活が公ばかりの生活でありまして、個人としての生き方はほとんどありません。つまりは「謂ゆるの道理は日日の生命を等閑にせず、私に費さざらんと行持するなり」ということになるのであります。

第三十節　諸仏の行持も一日の行持から始まる――行持報恩5

光陰《こういん》は矢《や》よりも迅《すみや》かなり、身命《しんめい》は露《つゆ》よりも脆《もろ》し、何《いず》れの善巧《ぜんぎょう》方便《ほうべん》ありてか過《す》ぎにし一日《いちにち》を復《ふたた》び還《かえ》し得《え》たる、徒《いたず》らに百歳《ひゃくさい》生《い》けらんは恨《うら》むべき日月《じつげつ》なり、悲《かな》しむべき形骸《けいがい》なり、設《たと》い百歳《ひゃくさい》の日月《じつげつ》は声色《しょうしき》の奴婢《ぬび》と馳走《ちそう》すとも、其中《そのなか》一日《いちにち》の行持《ぎょうじ》を行取《ぎょうしゅ》せば一生《いっしょう》の百歳《ひゃくさい》を行取《ぎょうしゅ》するのみに非《あら》ず、百歳《ひゃくさい》の佗生《たしょう》をも度取《どしゅ》すべきなり、此一日《このいちにち》の身命《しんめい》は尊《とうと》ぶべき身命《しんめい》なり、貴《とうと》ぶべき形骸《けいがい》なり、此行持《このぎょうじ》あらん身心《しんじん》自《みず》からも愛《あい》すべし、自《みず》からも敬《うやも》うべし、我等《われら》が行持《ぎょうじ》に依《よ》りて諸仏《しょぶつ》の行持見成《ぎょうじげんじょう》し、諸仏《しょぶつ》の大道通達《だいどうつうだつ》するなり、然《しか》あれば即《すなわ》ち一日《いちにち》の行持是《ぎょうじこ》れ諸仏《しょぶつ》の種子《しゅし》なり、諸仏《しょぶつ》の行持《ぎょうじ》なり。

冒頭の名文「光陰《こういん》は矢《や》よりも迅《すみや》かなり（「行持上」I 342）、身命《しんめい》は露《つゆ》よりも脆《もろ》し(69)、何《いず》れの善巧《ぜんぎょう》方便《ほうべん》ありてか過《す》ぎにし一日《いちにち》を復《ふたた》び還《かえ》し得《え》たる（「行持上」I 331）」からお話をはじめます。

この一節は、『修証義』第一章第三節の「無常憑《むじょうたの》み難《がた》し、知《し》らず露命《ろめい》いかなる道《みち》の草《くさ》にか落《お》ちん、身《み》已《すで》に私《わたくし》に非《あら》ず、命《いのち》は光陰《こういん》に移《うつ》されて暫《しば》くも停《とど》め難《がた》し、紅顔《こうがん》いずくへか去《さ》りにし、尋《たず》ねんとするに蹤跡《しょうせき》なし、熟《つらつら》観《かん》ずる所《ところ》に往事《おうじ》の再《ふたた》び逢《お》うべからざる多《おお》し」という文章と同類項のものです。ところで、光の速さは真空中では一秒間で約三十万キロメートルだそうです。

まず、仏教の根本命題としての「諸行無常」という観点からいえば、「光陰は矢よりも迅かなり（「行持上」Ｉ342）、身命は露よりも脆し」は明らかです。この文章はなかなか名文です。さすがは道元禅師の文章です。光陰とは時間の代名詞であり、時間の過ぎ去り行くことの早さは、矢の飛んでいく早さをしのぐということです。よくいいますように、月日の過ぎ去ることはまことに早いものがあります。これを仏教では「無常迅速」ないしは「諸行無常」と呼んだわけです。この時間の流れ去ることの迅速さに対応して、人間の命は脆くはかないものです。この頃は、長寿の方々が増えてきてはおりますが、どんな長命な人といえども永遠不滅というわけにはいきません。百二十歳の寿命の人でも百二十一歳になると死なねばなりません。こんな長寿時代においても、若くして亡くなられる方々も後を絶ちません。老少不定《ろうしょうふじょう》というように、人それぞれに寿命というものがあり、長生きする人もあり、短命な人もあるということであり、すべての寿命をひっくるめても、やはり「身命は露よりも脆し」です。

昨日まで元気で挨拶して喋っていた人が今日になったら亡くなられていたということもあります。あるいは交通事故もありますし、不慮の災難に遭うこともあります。特に、強暴な通り魔によって、赤ちゃんや若い娘さんや奥様の命をあっという間に奪われた旦那様やご両親の悲しみ、あるいは、居眠り運転、酒酔い運転の犠牲となって突然に我が子の命を奪われた親御さんの悲しみは想像を絶するものがあります。こう考えますと、現代社会においては、私たちの身の回りには虎視眈々と私たちの命をおとしめようとする怠慢と狂気と暴力が山ほど待ちかまえていることになります。くわばらくわばらであります。

「何《いず》れの善巧《ぜんぎょう》方便《ほうべん》ありてか過《す》ぎにし一日《いちにち》を復《ふた》び還《かえ》し得《え》たる」（「行持上」Ｉ331）とは、どんなにすぐれた巧みな方法手段があるとしても、そういうものでは、過ぎ去った一日を元通りにすることはできないということです。ギリシア人もいっているように、「起こったことを起こらなかったことにする」のは神様でさえできないのです。[70] 善巧方便とは、善良巧妙な手段・手だてということであり、仏教的にはお釈迦様が衆生を教化し法益《ほうやく》（仏法上の利益《りやく》）を与えるために用いた種々巧妙な説法の手段ということです。

「徒《いたず》らに百歳《ひやくさい》生《い》けらんは恨《うら》むべき日月《じつげつ》なり、悲《かなし》むべき形骸《けいがい》なり」（「行持上」Ｉ330）。

たしかに、「徒らに百歳生けらんは恨むべき日月なり、悲むべき形骸なり」です。こういうふうな文章を見ていると、寿命の短い時代の話のようにも思えますが、何時《いつ》の時代でも、ろくな仕事もせずにただ長生きするだけでは罪深いものといえましょう。無駄な長生きは、化け物ではないかと人に思われたり、悲しい人生といえるかも知れません。長生きしていても人に迷惑かけているだけなら、そういう人生は恨むべき日月であり、悲しむべき生き様です。おうおうにして、親の有り難さは死なれて分かり、親が生きているうちはあまり分かりませんが、これでは遅すぎます。

「設《たと》い百歳《ひやくさい》の日月《じつげつ》は声色《しようしき》の奴婢《ぬび》と馳走《ちそう》すとも、其中一日《そのなかいちにち》の行持《ぎようじ》を行取《ぎようしゆ》せば一生の百歳《いつしようひやくさい》を行取《ぎようしゆ》するのみに非《あら》ず、百歳《ひやくさい》の佗生《たしよう》をも度取《どしゆ》すべきなり」（「行持上」Ⅰ330〜331）。

声色とは、色・声・香・味・触・法と言う六境のうちの「色・声」すなわち、五感のうちの耳識の対象と眼識の対象とで、六境（六根・六識）全体を代表させたものです。声色の奴婢とは、そういった感覚的対象と意識的対象という客観的対象の奴隷・召使いのように、外的対象に影響され動かされているような、自主性のない生活態度を形容した言葉です。また、凡夫の迷える意識活動は、しばしば「意馬心猿」というふうに落ち着きのないように見える馬と猿の挙動に譬えて表現されました。したがって、「心猿飛び散る五欲の枝、意馬馳走す六塵の境」という句があるほどです。「声色の奴婢と馳走す」ということもこれに対応しています。以上の原文の意味は以下のようなものです。

「ただし、もっと大事なことは、百歳生きるなら生きても良い、そして、その百歳生きるということは、その間は食事をとり行動し横たわり眠ったりしなければならない、言い換えれば、私たち人間は生きている間は色・声・香・味・触・法と言う六境、すなわち眼・耳・鼻・舌・身（体）・識の対象の奴婢（めしつかい）・奴隷となって徒に百歳まで生きているとしても、一日でも良いから誠実に且つ真剣に生きるならば、言い換えると一日の行持を遂行するならば、そのことによって、百歳の全人生をも意義あるものたらしめ、それだけではなくて、来世の百歳をも有意義なものたらしめるのである」。

「此一日《このいちにち》の身命《しんめい》は尊《とうと》ぶべき身命《しんめい》なり、貴《とうと》ぶべき形骸《けいがい》なり」（「行持上」Ⅰ331）。

形骸とは、「①人や動物の体、特に人間としての機能を失って、物体としてのみ存在する体。②建物などの骨組み。③内容・意義を失って形だけが残ったもの等々[71]」を意味する言葉です。だからこそ一日一日の我が身の命は尊ぶべき身命であり、また貴ぶべき身体です。

たとえば、幕末の志士たちの生き様を見ていると、多くは凝縮した人生を送っています。ちなみに、安政の大獄で散った吉田松陰（一八三〇～五九）、京都で暗殺された坂本龍馬（一八三五～六七）、禁門（蛤御門）の変で自害に追いこまれた久坂玄瑞（一八四〇～六四）、回天義挙の兵を挙げた高杉晋作（一八三九〜六七）等みな二十代三十代の若さで散っていきました。国を動かし人を動かすべく、彼らがみな一生懸命精一杯生きたとすれば、それはそれであっぱれな人生だったと思います。

「此行持《このぎょうじ》あらん身心《しんじん》自《みず》からも愛《あい》すべし、自《みず》からも敬《うやも》うべし」という一句は、自らの肉体と精神をもって、言い換えれば全身全霊をもって行持する自らの身心は、自ら自身で愛し敬うべきものである、ということであります。一般には、なかなか自らが敬愛し尊敬できる自信など湧いてこないような日々を送っているのが普通ですが、ここでは、自己自らを敬愛し尊敬できるような自己でなければならないといわれるのです。それは、しかるべき行持を日々怠らずに遂行しているという内実がなければなりません。

ちなみに、お釈迦様は、この世に生まれられるやいなや七歩歩いて、「天上天下唯我独尊」と喝破されたといわれますが、この言葉はしばしば誤解されているようです。この言葉は決して自分一人だけが尊い者であると述べているような、不遜な言葉ではなくて、各自銘々誰でもが、本来の自己に目覚め、覚者となりうる尊い自己の持ち主であることを述べているものであります。このように自己に自信をもつ言葉はまさしく、しかるべき行持を営んでいる自己でないかぎりは出てこないものです。このように、尊い自己を完成し働かせることこそが、仏教の根本目的です。しかもこのような尊い自己は行持によってのみ実現されうるのです。したがって、日々怠ることなく、行持の生活を継続していくことこそが、仏教者として一番大切なことなのです。(72)

私たち各自の行持は、それによって凡夫が仏となり菩薩となり行くことを可能にするものです。「日々の生命を等閑にせず、私に費やさざらんと行持するなり」とは、まさしくこのことをいうのです。

「我等《われら》が行持《ぎようじ》に依《よ》りて諸仏《しよぶつ》の行持見成《ぎようじげんじよう》し、諸仏《しよぶつ》の大道通達《だいどうつうだつ》するなり（「行持上」I 298）、然《しか》あれば即《すなわ》ち一日《いちにち》の行持是《ぎようじこ》れ諸仏《しよぶつ》の種子《しゆし》なり、諸仏《しよぶつ》の行持《ぎようじ》なり（「行持上」I 299）」。

本当の行持をなすことができれば、それは各自が仏となり行く行持が実現されることであり、諸仏の大道を建設することであり、大道を歩むことであります。それどころではなく、日々の各自の行持こそが、諸仏の種を植え付ける行持であり、したがってすでにそれは諸仏の行持そのものなのです。静かに考えてみると、諸仏諸仏といくら讃えても、それはもうすでに過去のことであり、諸仏が実在したということを実証するのも、私たち個々人の一つ一つの修行・行持・坐禅以外にないのです。私たち人間にとってできることは反復して再び現前させることしかないのです。この再現活動としての実現行為によってはじめて諸仏の大道が過去から現在へと繋がってくるのであり、個々人の行持無くしては諸仏の大道も諸仏の存在もただの昔話に終わってしまうのです。

道元禅師は、このあたりのことを、『正法眼蔵』「弁道話」において、「もし人《ひと》、一時なりといふとも、三業《さんごふ》に仏印《ぶつちん》を標し、三昧に端坐するとき、遍法界《へんほふかい》みな仏印となり、尽虚空《じんこくう》ことごとくさとりとなる」（Ⅰ15）と書き残されています。すなわち、「誰であれ、人がわずかの間でも坐禅をするならば、言い換えると、身と口と意識との三つの働きでもって仏様の姿形としての坐禅を営み、禅定という三昧に専心するときには、全世界がみな仏の印《しるし》となり、大地虚空のすべてが悟りの世界となる」というふうに、道元禅師は坐禅の功徳の広大無限なことを宣告しておられるのです。

第三十一節　心がそのまま仏とはどういうことか——行持報恩6

謂《いわ》ゆる諸仏《しよぶつ》とは釈迦牟尼仏《しやかむにぶつ》なり、釈迦牟尼仏是れ即心是仏《しやかむにぶつこそくしんぜぶつ》なり、過去現在未来《かこげんざいみらい》の諸仏《しよぶつ》、共《とも》に仏《ほとけ》と成《な》る時《とき》は必《かなら》ず釈迦牟尼仏《しやかむにぶつ》と成《な》るなり、是《こ》れ即心是仏《そくしんぜぶつ》なり、即心是《そくしんぜ》仏《ぶつ》というは誰《たれ》というぞと審細《しんさい》に参究《さんきゆう》すべし、正《まさ》に仏恩《ぶつおん》を報《ほう》ずるにてあらん。

「謂《いわ》ゆる諸仏《しよぶつ》とは釈迦牟尼仏《しやかむにぶつ》なり」（「即心是仏」Ⅰ149）とはどのようなことを意味するのでしょうか。

ここで注目すべき言葉は「諸仏」というふうに複数で仏様が考えられていることです。キリスト教やイスラム教では神はただ一つの神でなければなりませんが、仏教では諸仏といわれるように、たくさんの仏が存在しうるのです。三世の諸仏とは、過去現在未来の諸仏であり、十方の諸仏とは、東西南北四維（しゆい／しい）上下という十方の空間に存在する諸仏という意味です。ちなみに、「維」とは「隅」を意味し、したがって、四維とは、東南（巽《たつみ》）・南西（坤《ひつじさる》）・北東（艮《うしとら》）・西北（乾《いぬい》）を意味するのです。それどころか、仏典には「無量恒河沙数の諸仏」という言葉さえ存在します。(73) このように仏様の数がたくさんあるということは、とりもなおさず、私たち人間の悩みが多種多様であるということに他ならないのです。

しかし、それにもかかわらず、たくさんの仏様たちも結局は「釈迦牟尼仏」に帰着するといわれるのです。ちなみに、阿弥陀如来、薬師如来、観音菩薩、普賢菩薩、文殊菩薩などなどいろいろな仏様、如来様、菩薩様がいらっしゃるけれども、それらはことごとく、お釈迦様の広大無辺な働きのそれぞれの側面を代表させ特色づけた仏菩薩であり、釈迦牟尼仏が根本にあってはじめて阿弥陀様も毘盧舎那仏も大日如来も、観音菩薩も勢至菩薩も派生してくるのであり、後者はすべて釈迦牟尼仏の働きを特殊化して名づけたものです。まさしく実在の仏様は、ただ釈迦牟尼仏のみだからです。

現実的にいえば、ゴータマ・シッダルタなる人間が発心・修行・菩提・涅槃の遍歴を経て釈迦牟尼仏（釈迦族の尊いお方）になられたのです。この釈迦牟尼仏の出現によって初めて仏教が開示され、その開示の中で、いろいろな諸仏菩薩の働きが説示されているのです。すなわち、すべての仏教的真理は釈迦牟尼仏の出現なしにはあり得ないのです。だからこそ、道元禅師は「十方の諸仏を見たてまつるべくば、釈迦一仏を見たてまつるべし」といわれております。

次には「釈迦《しゃか》牟《む》尼《に》仏《ぶつ》是《こ》れ即心是仏《そくしんぜぶつ》なり、過去《かこ》現在《げんざい》未来《みらい》の諸仏《しょぶつ》、共《とも》に仏《ほとけ》と成《な》る時《とき》は必《かなら》ず釈《しゃ》迦《か》牟《む》尼《に》仏《ぶつ》と成《な》るなり、是《こ》れ即心是仏《そくしんぜぶつ》なり（「即心是仏」Ｉ149）となっています。ここでは、「即心是仏」という言葉が二度出現していますが、その言葉の説明は後回しにして、まず、「過去現在未来の諸仏、共に仏と成る時は必ず釈迦牟尼仏と成るなり」という言葉について考えてみましょう。

前段で述べましたように、仏教は、各自銘々が仏すなわち「覚めた人」「覚者」に成るための教えであり、その典型的理想は釈迦牟尼仏に他ならないのです。したがって、三世（過去現在未来）十方（東西南北四維上下）の諸仏も結局は釈迦牟尼仏となるときにはじめて諸仏となるのであります。諸仏が諸仏と呼ばれうるのは、彼らが釈迦牟尼仏と同じ悟りを獲得し、同じ境地に到達してはじめて可能なことです。ここでは、釈迦牟尼仏も、釈迦牟尼仏となる過去現在未来の諸仏もともに「即心是仏」であると結論されています。さてそれでは「即心是仏」とは一体全体いかなることでしょうか。

そもそも「即心是仏」という言葉を最初に用いたのは中国の禅僧で、南嶽懐譲《なんがくえじょう》の弟子にして百丈《ひやくじよう》懐《え》海《かい》の師匠である馬祖《ばそ》道一《どういつ》和尚（七〇九～七八八）です。ある日、修行僧が馬祖に向かって「如何なるか是れ仏」と訊ねたところ、馬祖は「即心是仏」と答えました（『禅林類聚《るいじゅう》』巻二）。またある日、修行僧達に向かって、「汝等諸人、各自の心是れ仏なることを信ぜよ。此の心は即ち是れ仏なり。達磨大師、南天竺国より来たり、躬《みずか》ら中華に至って、上乗一心の法を伝え、汝等をして開悟せしむ」（『景徳伝燈録』巻六「馬祖」章）(74)と馬祖は説いたといわれています。即心是仏も心即是仏も同義です。馬祖は、経典にとらわれることなく、「平常心是道」「即心是仏」などと称えて、日常的な一挙手一投足によって具体的に禅の真理を実現することに意を注いだ禅僧です。

しかしながら、ここで「即心是仏」の落とし穴にはまってはなりません。つまり、日常的な本能のままの、エゴイスティックな心の働きがそのままで仏の現成とするならば、坐禅も修行もへちまもありません。発心があるかないか、向かう方向は正しいかどうかを見極めなければなりません。だからこそ、道元禅師は「いはゆる即心の話《わ》をきゝて、癡人《ちにん》おもはくは、衆生の慮知念覚の未発菩提心《みほつぼだいしん》（未だ菩提《さとり》を求める心をおこしていない状態）なるを、すなはち仏とすとおもへり。これはかつて正師《しやうし》にあはざるによりてなり」（「即心是仏」Ｉ140）と喝破しておられます。同じ「即心是仏」といってもいまだかつて修行したこともない人や、菩提心をおこしたこともない人が、有るがままの心境がすなわち仏であると言い立ててもそれはインチキに決まっています。それは愚かな自惚《うぬぼ》れに他なりません。それこそ無知蒙昧のしからしめることに他なりません。

したがって、即心の心は、仏になるべく努力をする人の心であり、それは真心であり、真実心であり、自性清浄心でなければなりません。まして、決して邪心邪念であってはならないのです。「しかあればすなはち、即心是仏とは、発心《ほつしん》・修行《しゆぎやう》・菩提《ぼだい》・涅槃《ねはん》の諸仏なり。いまだ発心・修行・菩提・涅槃せざるは、即心是仏にあらず」（「即心是仏」Ｉ148〜149）と道元禅師はいわれるのです。このように、即心是仏とは、決して未発心（未だ求道心を起こしていない状態）の心ではなくて、「発心・修行・菩提・涅槃」の行程を首尾一貫して支えている道心ないしは求道心から発してくる言葉でなくてはなりません。なぜなら、自らの求道心のかけらもない人が、「そのままの心がすなわち仏」といわれても誰も信用いたしません。やはりそれなりに人格的に練れている人、修行も積んだ高徳の人の言葉にしてはじめて「即心是仏」という言葉が真実味を帯びてくるのです。

仏教においては、この四つのプロセスすなわち「発心・修行・菩提・涅槃」つまり、菩提を求める心を起こして、仏道修行に邁進《まいしん》し、その修行に応じてそれ相応の悟りを獲得するのです。なぜなら、道元禅師の教えによれば、修行と悟りは別物ではなくて、不二一体ですから、修行がそのままで悟りの現れに他ならないからです。

悟りが得られないというのは正しい修行をしていないからです。涅槃とは最高完全な悟りであり、悟りの完成です。なお道元禅師の教えにおいて肝要なことは、修証一如の立場から、四つのプロセスが不二一体的に連続していることであり、それはたんなる時間的前後関係ではなくて、行為的連続的な「行持道環」でなければなりません。このことを、道元禅師は「仏祖の大道、かならず無上の行持あり、道環して断絶せず、発心・修行・菩提・涅槃、しばらくの間隙あらず、行持道環なり」（「行持」Ⅰ297）と述べられています。行持道環とは、自らの行持によって発心・修行・菩提・涅槃を目の当たりに実現していく営みです。

さて、『修証義』最後の文章は、「即心是仏《そくしんぜぶつ》というは誰《たれ》というぞと審細《しんさい》に参究《さんきゅう》すべし、正《まさ》に仏恩《ぶつおん》を報《ほう》ずるにてあらん」となっていますが、前半の「即心是仏というは誰というぞと審細に参究すべし」という文章は何を意味し、後半の「正に仏恩を報ずるにてあらん」は、どんなことを意味するのでしょうか。

まず「即心是仏というは誰というぞと審細に参究すべし」という文章の出所は、『正法眼蔵』の「王索仙陀婆」（Ⅳ40）の巻です。この「王索仙陀婆《おうさくせんだば》」とは、「王が仙陀婆を索《さが》す／索《もと》める」（索は、索引・捜索・思索という術語に明らかなように、ひもをたぐって中の物を引き出すように、手づるによってさがしもとめること）という意味ですが、仙陀婆とは、「信度（辛頭）国の、信度産の」（s: sainddhava）という形容詞の音訳中国語です。西インドの信度（s: Sindhu）地方では、良質の塩・器・馬・水を産することでつとに知られておりました。このゆえに、この「仙陀婆」という言葉によって、塩・器・馬・水のいずれをも意味することができるのです。このように、仙陀婆とは、一つの名前で四つの意味を持つものです。昔ある国王のもとに智慧ある臣下がいて、王が顔を洗うときに「仙陀婆」といえばただちに水を差し出し、食事の時に「仙陀婆」といえばただちに塩を、また食後に仙陀婆といえばただちに飲む器を、出かけるときに仙陀婆といえばただちに馬を用意することができたということが『涅槃経』に書かれています（『涅槃経』第九巻「如来性品」、『正法眼蔵』「王索仙陀婆」Ⅳ32）。

このようにして、禅宗では、師匠と弟子との間の応答（師資の応対）において、弟子が間髪を入れずに師匠に応答する機敏な対応のことを「仙陀婆」というのです。師匠が「何々を持ってこい」といえば、ただちに弟子は「何々」を持っていかなければならないのです。禅門だけではなくて、臨機応変なる対応を迫られているのが人間関係のすべてであります。こう考えれば、仙陀婆とは、その場その場において必要不可欠にして最適最善なるものを提供する働きそのものを意味するのです。『正法眼蔵』「王索仙陀婆」の巻では、道元禅師はこのことを「即心是仏」という言葉に連関させて次のように述べられています。(75)

「たとへば、如何是仏《しゆおしぶつ》(如何ならんか是れ仏)といふがごとき、即心是仏と道取する、その宗旨《そうし》いかん。これ仙陀婆にあらざらんや。即心是仏といふはたれといふぞと、審細に参究すべし」(「王索仙陀婆」Ⅳ40)。如何是仏(如何ならんか是れ仏)という問いに対して、「即心是仏」という答えを発することは、まさしく仙陀婆の働きなしには不可能であると、道元禅師はここに書いていらっしゃるのです。

ところで、『景徳伝燈録』では、修行僧の質問「如何是仏」に対して、馬祖が「即心是仏」と応答したことになっています。だから、馬祖の応答の働きが、仙陀婆の働きのようにすぐれた働きであることを示しているのです。仙陀婆とは、仏道修行に目覚めた各自の自己の働きに他なりません。「仏道をならふといふは、自己をならふ也。自己をならふといふは、自己をわする丶なり」(「現成公案」Ⅰ54)という言葉は、道元禅師の最も有名な言葉であるばかりではなく、仏道修行の核心を言い表すものです。

さらにもう一つ注目しなければならないことは、『正法眼蔵』「王索仙陀婆」の巻では、「これ仙陀婆にあらざらんや」という言葉の次に「即心是仏といふはたれといふぞと、審細に参究すべし」という文章が、書かれていることです。

それでは、「即心是仏といふはたれといふぞと、審細に参究すべし」ということはそもそもどういうことなのでしょうか。

華厳経の根本精神を端的に表すものとしてよく知られた句に、「三界唯一心《さんがいゆいいっしん》、心外無別《しんげむべつ》法《ぼう》、心仏及衆生《しんぶつぎゅうしゅじょう》、是三無差別《ぜさんむさべつ》（三界は唯一心なり。心の外に別に法無し。心と仏及び衆生。是の三は差別無し）(76)」というものがあります。この根本精神に従えば、欲界色界無色界というような世界そのもの、ならびに世界の諸現象のことごとくはみな心意識の現れである、だから、心の他に別に真理があるわけではなくて、心というも仏というもはたまた衆生というもこれらの三つもまた差別がないのです。たしかに、心の働きがなければ、物事の存在を正確に表現することはできず、したがって物事の認識も成り立ちません。ここから見れば、世界の諸現象のすべては私たちの心の中に反映されてはじめて認識されるものです。言い換えると、心の外には何も真理は無いともいえるでしょう。だから、心の働きによって、心という主体と、客観としての仏と衆生の区別が生じますが、すべてはただこの一心の中に反映されるのですから、もともと三つあるけれども、心一つの反映です。すなわち「是三無差別」です。だからこそ、ドイツの哲学者カントも「現象は物の表象にすぎない」といい、ショーペンハウアーも「世界は私の表象である」と言いました。

しかしながら、ここで忘れてはならないのは、「心仏及衆生、是三無差別」という観点に立つとき、やはり、発心・修行・菩提・涅槃の行持を実践する心の中でのみ「是三無差別」といいうるのであって、未発菩提心の煩悩丸出しの心の発露であってはならないということです。このように発菩提心の立場に到ったときにのみ、心の宗教としての仏教の根本原理からしても、もともと即心是仏と語りうるのです。禅仏教は一方においては徹底的に行の宗教といわれますが、他方において徹底的に心の宗教です。この心の宗教の一面を簡潔に言い表したものが「即心是仏」という禅の言葉です。

即心是仏とは誰のことかと問い続けるということは、すなわち、不断の向上心をもって、自己にうぬぼれることなく、他者にへつらうことなく、自己を習い続けること、不断無限の向上心を持ち続けることです。自らの人生とは自己の形成であり、自己の形成とは自己否定による自己の肯定です。何事でも、勉強でも、修行でも、自己を制限しながら、克己心をもって自己を高めていくことです。自己を習うことは自己を忘れて自己を高めることであります。即心是仏というにふさわしい自己となっているかどうか、絶えず自己に問いかけ自己の修行に励むことが、すなわち、「即心是仏といふはたれといふぞと審細に参究すべし」ということであります。だからこそ、「即心是仏といふはたれといふぞと審細に参究すべし」という言葉を身をもって実践実行する人は、「まさに仏恩を報ずるにてあらん」（「礼拝得髄」Ⅱ181）ということになるわけです。

すでに、『修証義』の第一章で「値《あ》い難き仏法」にあうことは、人の生き方のうちで、「善生最勝の生」すなわち「善良なる生き方、最も勝《すぐ》れた生き方」であると示されていましたように、即心是仏を身をもって具体的体験的に実現しようと勤めることこそ、まさに仏のご恩に報いることになるからです。逆にいえば、仏のご恩に報いることができない修行は修行とはいえないことになります。だからこそ、正しい姿で坐禅することはまさしく仏の大恩に報い奉ることです。「まさに仏恩を報ずるにてあらん」という言葉をもって完結する『修証義』はすばらしいお経であると同時に、禅への入門とか、仏教入門という特定の枠に留まるものではなく、広く宗教入門、いやそれどころか人間が最も人間らしい生き方を学ぶための――最も勝れた人間に成るための人間学入門のための――最善最高のテキストなのです。

あとがき

私はこれまで、自らが主宰している功山寺の日曜（毎月第一と第三の日曜日早朝に行っている）参禅会においてさまざまな禅テキストを用いてミニ法話を展開してきたが、平成十八年七月十六日以来『修証義』をテキストにして一節ごとに（時には一節を二回に分けて）ミニ法話を展開して、ついに平成十九年十二月十六日の参禅会のミニ法話をもって最後の文章（第三十一節）を読み終わった。また、大阪の朝日カルチャーセンターでは、平成十九年四月二十日以来『修証義』をテキストとして毎月一度の講義を開始し、平成二十年三月二十一日（彼岸の中日）をもって講読し終わった。これらのミニ法話と講義とに依拠しながら、今回一つの書物として新たにまとめたものが本書である。

本書で心がけたこと、ならびに、本書の基本方針について若干書き添えておくと、以下のようになるであろう。

まず第一に、『修証義』と『正法眼蔵』との関係を明らかにすることに努めた。そのために、そのつど、解説文においては、やや煩瑣と思われるかもしれないが、『正法眼蔵』からの引用箇所を明示し、なおかつ、これに関連する『正法眼蔵』中の前後の文章についての解説をも書き添えてみた。『修証義』の九十九パーセントは『正法眼蔵』から引いてあるのに、あるいは筆者が知らないだけのことかもわからないのであるが、今までの『修証義』の解説書では、『正法眼蔵』本文との関連についての言及が水野弥穂子氏の解説書および池田魯参氏監修の『対照・修証義』を除くとまれであるように見える[77]。なにしろ、道元禅師の『正法眼蔵』の言葉を綴り合わせて作った『修証義』の解釈を、『正法眼蔵』の精神から分離して勝手に解釈するのは、非常に危険なことであるということを忘れてはならない。

　第二は、あの膨大でかつ難解ではあるが深遠なる大真理を縦横無尽に説示されている道元禅師の主著『正法眼蔵』から、これまた縦横無尽に引用抜粋して『修証義』という仏教入門（否それのみならず、広く宗教入門）のための最善最高のテキストを、類い希なる仕方で編集された明治の先人達（大内青巒《せいらん》居士、永平寺住職・滝谷琢宗《たきやたくしゅう》禅師、総持寺住職・畔上楳《あぜがみばい》仙《せん》禅師）の精進努力に対して、最大の敬意を表したいという思いもまた、この『修証義』講話には籠められている。

　第三に、『正法眼蔵』との関係を明らかにしようとすると、どうしても話の内容が難しくなる危険があるけれども、あくまで本書は、皆様の前で『修証義』一般についてお話ししたこと、あるいは坐禅の際にお話ししたこと、あるいは大阪の朝日カルチャーセンターでお話ししたことを基礎にして、一冊の書物に書き改めたものであり、また、書物として世に出すからには、できるだけ多くの方々に読んでいただきたいので、なるべくわかりやすい言葉で面前で語りかけるという意味で「ですます調」にした。

第四に、筆者は平成十五年三月三十一日までは、京都大学教授として、哲学・倫理学の分野でそれなりの役割を果してきたが、同年四月定年退官後、住職地の下関市功山寺に帰り、善良な檀信徒の皆様を相手に、仏教の一般的布教と、坐禅の実践的普及とに専心している。なお、そのうえ、自坊功山寺には、幕末の一八六四年の十一月中旬より約二か月の間、京都を追われた、七人の公卿のうちの五人が二か月間潜居していた。この機会を捉えて、幕末の奇才、高杉晋作が八十人の同士を率いて、一八六四年十二月十五日の夜功山寺において、藩論統一の挙兵を行い、これを契機として薩長同盟が成立し、ついには倒幕・維新へと日本の歴史は激動していったのである。したがって、私の話の中で、はなはだしく異なった要素が渾然と一体になっているので、読者の方々には奇妙に感じられるかもしれないのであるが、これらすべての要素が私の実存的事実でもあることをご了解していただければまことに有り難い限りである。

いままでカントを中心にした哲学研究書の出版のかたわら、道元『正法眼蔵』に関する書物を三冊(78)書いたが、これらすべての経験は本書の執筆には大いに役立っている。今回は難しいことをできるだけやさしく語りかけるように努力はしたが、筆者の力及ばずして、まだわかりにくいところが若干残っているかも知れない。機会が有ればさらに平易に書き改めたいと念願している。

なお本書が成立するには、最初の原稿の段階から今日の完成を見るまでひとかたならぬ御骨折を頂いた法藏館編集部の上山靖子さんには、このような形で本書が成立したことに対して、心から感謝の意を表させて頂きます。また本書を、法藏館から出版する機縁を作って頂いた現仁愛大学学長・薗田坦先生に感謝の辞を述べておきたい。

最後に、京都大学の学生・院生時代に洛北の紫竹林安泰寺の接心会等において、坐禅の道と、祖録の読み方・法話の仕方等について多く学ばせて頂いた故沢木興道・内山興正両老師の大恩に深甚の謝意を表させて頂く。

有福孝岳

平成二十二年三月一日　長府功山寺にて

註

（1）興聖寺があった深草あたりは、当時は宇治県に属していたということ、ならびに七九四年に桓武天皇が都を京都に移して以来、もともとは京の都に属していたという意味で本京と呼んだのである（伊藤俊光編纂『永平広録註解全書』上巻、鴻盟社、一九六一年、一頁参照）。

（2）西尾實他校注『正法眼蔵・正法眼蔵随聞記』（日本古典文学大系81、岩波書店、一九六五年、三四～五六頁）、水野弥穂子「解説」参照。菅沼晃編『道元辞典』、東京堂出版、一九七七年、一〇三～一〇九頁参照。水野弥穂子校注『正法眼蔵』、岩波文庫全四巻中の（四）、一九九三年、五〇五～五一八頁「解説」参照。

（3）『『修証義』――布教のためのガイドブック』、曹洞宗宗務庁、一九九〇年三月三十一日、第1刷（以後は『『修証義』ガイドブック』と略記）、四六・四七頁参照。

（4）「ていたらく」とは、「体《てい》たり」のク語法。「ていたらく」とは、「体たらく、為体（そのような体〈ありさま〉であること）、ようす、ありさま」を意味する。現代では、しばしば、好ましくない状態やほめられない状態についていう。

（5）『永平広録註解全書』下巻、鴻盟社、一九六三年、一五四頁以下参照。

（6）岡田宜法『修訂復刻修証義編纂史』、曹洞宗宗務庁、第1刷、一九八六年（以後は『修証義編纂史』と略記）、ii頁参照。本書は、一九四〇年二月十五日、東京代々木書院より刊行された『修証義編纂史』を修訂し復刻したものである。

(7) 岡田宜法『修証義編纂史』、ii頁参照。

(8) 岡田宜法『修証義編纂史』、v頁参照。

(9) 「存在者」とは、もともとは西洋哲学における「存在(Sein)」と「存在するもの(Seiendes)」との区別における後者に当たるもので、認識や行為の対象・客観となるものである。

(10) 「公案」とは、中国語としては「公府の案牘《あんとく》」の義であり、絶対に人びとが守らなければならない公の条文や法則・法律を意味する。転じて禅では、仏祖が開示した仏法の道理そのもの、つまり学人が思慮分別を超えて自己《こ》の修行によって解決すべき根本課題を意味する。

(11) 有福孝岳『道元の世界』、大阪書籍、一九九四年第2刷(以後は『道元の世界』と略記)、一八一〜一八七頁参照。

(12) 「流転《るてん》」も「輪廻《りんね》」もほぼ同義である。「流転」とは、生まれかわり死にかわり、三界(欲界・色界・無色界)六道(地獄・餓鬼・畜生・修羅・人間・天上)の間に往来することである。「輪廻」とは、サンスクリットは「サムサーラ(saṃsāra)」であり、意訳して「生死」ともいい、また、生死輪廻、輪廻転生ともいい、衆生が、三界六道の迷界を車輪の廻るように、生死を重ね、停止することがないことである。要するに、「流転輪廻」とは、生死の苦海・迷界にのみ住している凡夫衆生が、永遠に救いのない生き方を繰り返していることである。

(13)「安心立命」とは、「安身立命」とも書き、またたんに「安心」ともいう。悟りの世界に安住して盤石不動であること。もともとは、儒教の言葉であり、人力のすべてを尽くしてわが身を天命に任せ、心を安んじて他のものにうごかされないこと。『論語』「為政」篇、『孟子』「尽心」篇参照。また『永平広録』二参照。

(14) 高橋貞一校注『平家物語』上、講談社文庫、一九八五年第19刷(以後は、『平家物語』上、と略記)、五一頁。

(15) 前掲『平家物語』上、一三一頁。

(16) ところで「伊呂波歌」は従来までは空海作といわれてきたが、最近の研究によれば、同じく音の異なる仮名を集めた「あめつちの詞《ことば》」に比して、「え」の仮名が一つしかなく、我が国音韻史上ア行のエ[e]とヤ行のエ[je]の区別が消滅した天暦年間(九四七~九五七)以前に遡れないこと、同じ四十七字の「たゐにの歌」よりもすぐれていること、さらに七五調四句の今様の盛行は平安中期以降であるとされていることなどからして、現在は空海(七七四~八三五)作とはみとめられていない。ちなみに、平安時代とは、平安遷都から約四百年間(七九四~一一九四)であり、したがって平安中期以降とは西暦一〇〇〇年頃以降ということになる。なお頼朝が平家を滅ぼして全国の軍事警察権を確立したのが一一八五年である。『岩波・仏教辞典』一九八九年第1刷「伊呂波歌」「雪山偈」など参照。

(17) 高橋貞一校注『平家物語』上、三六九頁。

(18)『『修証義』ガイドブック』、六八～八三頁。
(19)『『修証義』ガイドブック』、九一頁以下参照。
(20)『哲学事典』、平凡社、一九九一年初版第26刷(以後は平凡社『哲学事典』と略記)「洗礼」参照。
(21) 平凡社『哲学事典』、「告解」「告解の秘跡」参照。
(22) 梅原真隆訳注『歎異抄――付現代語訳』角川文庫821、一九九一年第64版、二〇頁参照。
(23)『『修証義』ガイドブック』、一〇四頁参照。同右、梅原真隆訳注『歎異抄――付現代語訳』三四頁参照。
(24) 太田久紀『『修証義』にきく』、曹洞宗宗務庁、二〇〇二年初版第19刷、四四頁。
(25)『『修証義』ガイドブック』、九六～九八頁参照。
(26)『禅学大辞典』、大修館書店、上下巻、一九七八年(以後は『禅学大辞典』と略記)「弥綸」参照。
(27)『大辞林』、三省堂、一九八八年第1刷(以後は『大辞林』と略記)、「巧言令色」参照。
(28) 十二巻本『正法眼蔵』「三時業」IV299-329、特に299ff. 参照。『景徳伝燈録』二「鳩摩羅多」章参照。『禅学大辞典』「一体三宝」参照。
(29) ただし「子から」聖霊が発出する、ということをギリシア正教会は認めないそうである。平凡社『哲学事典』参照。「発出」とは、ある根源的なものから別のものが発生し出現すること。「流出」ともいう。

(30) 水野弥穂子『続修証義十二か月』、曹洞宗宗務庁、二〇〇二年初版第1刷、八六頁。

(31) 『禅学大辞典』「感応道交」参照。ならびに『大辞林』「感応道交」参照。

(32) 『『修証義』ガイドブック』、一二三頁。

(33) 『新訳聖書』「マタイによる福音書」第十七章第二〇節、同「マルコによる福音書」第十一章第二二・二三節等参照。

(34) 大久保道舟訳注『道元禅師語録』、岩波文庫、一九八七年第10刷、四二・四三頁参照。

(35) 『『修証義』ガイドブック』、一〇八頁以下参照。

(36) 笛岡自照『修証義詳解』、古徑荘、一九七五年再版(以後は『修証義詳解』と略記)、二三四頁以下参照。

(37) この巻の題名は、水野弥穂子校注の岩波文庫『正法眼蔵』では「発菩提心」(旧草七十五巻本第六十三巻)、衛藤即応校註の岩波文庫『正法眼蔵』では「発無上心」(九十五巻本第六十九巻)とされている。なお、別内容の「発菩提心」の巻が、前者では新草十二巻本第四巻に、後者では第七十巻にそれぞれ収められている。

(38) 横井雄峯氏は「自受用三昧」を"self-joyous samādhi"と訳している(The Shobogenzo, by Yuho Yokoi, Sankibo Buddhist Book-sotre, Tokyo, 1986, p. 825)。そもそも「自《じ》受《じゅ》用《ゆう》三《ざん》昧《まい》」とは、「自ら享受し使用する三昧」すなわち、自分が自分で自分を自らに集中徹底することである。

(39) 水野弥穂子『修証義十二か月』、曹洞宗宗務庁、二〇〇四年初版第8刷(以後は『修証

義十二か月』と略記)、八二〜九〇頁参照。

(40) 水野弥穂子『修証義十二か月』、九一〜一〇〇頁参照。

(41) 以下の叙述は、有福孝岳『『正法眼蔵』の心』、NHKブックス701、一九九四年、一七〇〜一七八頁参照。

(42) 中村元『仏教語大辞典・縮刷版』、東京書籍、一九八五年第5刷、「直心」「菩提心」の項参照。ならびに『華厳経』二三巻、『六祖壇経』四「定慧」、『維摩経』、『上宮維摩疏』上などを参照。

(43) 武者小路実篤『維摩経』、角川文庫、一九六一年第5版、五四頁、二二五頁参照。長尾雅人訳注『改版・維摩経』、中公文庫、一九八八年再版、一八頁参照。

(44) テキストは、和辻哲郎校定『正法眼蔵随聞記』、岩波文庫、二〇〇四年第80刷に従っている。

(45) ここは岩波文庫をはじめとして多くのテキストが「慮知」としているが、本山版では「慮知心」としている。ここは後者の方がスッキリしたテキストであると、筆者は考えている。大久保道舟編『古本校定・正法眼蔵・全』筑摩書房、一九六四年、六四五頁参照。

(46) 伊藤弘校注『万葉集』上巻、角川文庫620、一九八五年、一九七頁参照。

(47) 『禅学大辞典』「行願」参照。

(48) 水野弥穂子『修証義十二か月』、一一七頁参照。

(49) 『禅学大辞典』「劫」参照。『新字源』、角川書店、一九七四年第76版、一二二五頁参照。

(50) 中村元『仏教語大辞典』縮刷版、東京書籍、一九八五年第5刷「四摂法」参照。
(51) 水野弥穂子『修証義十二か月』、一二三・一二四頁。
(52) 『大辞林』「布施」参照。
(53) 笛岡自照『修証義詳解』、三五二頁。
(54) 水野弥穂子『続修証義十二か月』、曹洞宗宗務庁、二〇〇二年初版第1刷、一二〇頁。
(55) 坂本幸男・岩本裕訳注『法華経』、岩波文庫、一九六八年第9刷、中巻、二一八頁参照。
(56) 笛岡自照『修証義詳解』、三七八・三七九頁。
(57) 笛岡自照『修証義詳解』、三八一・三八二頁。
(58) 笛岡自照『修証義詳解』、三八六・三八七頁。
(59) 諸橋轍次『掌中・老子の講義』、大修館書店、一九五七年第9版、一一・一三頁。
(60) 『『修証義』ガイドブック』、一四五頁以下参照。
(61) 『『修証義』ガイドブック』、一四八頁以下参照。
(62) 主として、瑩山禅師（一二六八～一三二五）の洞谷山永光寺在住期間（文保元〈一三一七〉年～正中二〈一三二五〉年）の記録・置文等を集録したもの。『禅学大辞典』「洞谷記」参照。『『修証義』ガイドブック』、一四八頁参照。
(63) 無常の根本的意味ならびに人間的生の特殊性については、有福孝岳『道元の世界』、大阪書籍、一九八五年、後篇、第一章「無常について」、第二章「生死の問題」、一一八～一五九頁参照。

(64) 水野弥穂子『修証義十二か月』、一三五頁以下参照。
(65) 西村恵信訳注『無門関』第六則、岩波文庫、一九九四年第1刷、四三～四六頁参照。
(66) 『晋書』とは、唐の房玄齢らによって編纂され、六六四年頃成立した、中国晋代（西晋五四年間、二六五～三一六）と東晋一〇二年間、三一七～四二〇）の紀伝体の歴史書。
(67) 高橋貞一校注『平家物語』上、一四一頁。
(68) 『修証義』ガイドブック』、一七六頁参照。
(69) 「身命は露よりももろし」は、岩波文庫をはじめとして多くのテキストが「露命は身よりももろし」としているが、本山版は『修証義』同様に前者を採用している。大久保道舟編『古本校定・正法眼蔵・全』筑摩書房、一九六四年、一三九頁参照。
(70) 高田三郎訳・アリストテレス『ニコマコス倫理学』1139b、岩波文庫上、一九七四年第4刷、二一九頁参照。有福孝岳監訳・カウルバッハ『行為の哲学』、勁草書房、一九八八年、八頁参照。
(71) 『大辞林』「形骸」参照。
(72) 笛岡自照『修証義詳解』、四三四・四三五頁。
(73) 笛岡自照『修証義詳解』、四四〇頁。
(74) 東呉・釈道原『景徳伝燈録』、中文出版社、一九八四年、一〇四頁。
(75) 水野弥穂子『修証義十二か月』、一五一頁以下参照。
(76) 有福孝岳『『正法眼蔵』の心』、ＮＨＫブックス701、一九九四年、四九～七八頁参照。

(77) 水野弥穂子『続修証義十二か月』曹洞宗宗務庁、二〇〇二年。水野弥穂子『修証義十二か月』。池田魯参監修『対照・修証義』四季社、二〇〇九年第2刷。

(78) 有福孝岳『道元の世界』、大阪書籍、一九九四年第二刷。同『「正法眼蔵」に親しむ――道元の自然思想』、学生社、一九九一年。同『『正法眼蔵』の心』、NHKブックス701、一九九四年。

付録『修証義』現代語訳　原文・出典一覧付

現代語訳

第一章　総　序

第一節　生死の問題を明らかにする

生の本質を究明し、死の本質を解明することは、仏教を信ずる者にとって最も大事なことである。しかしながら、生死を解脱した仏の道を求めるならば、それは、ただの生存としてのいわゆる生死を超えた（生死のない）次元に立っているのである。ただし、この現実の世界の生死がそのままで

原文・出典

第一章　総　序

第一節

生《しょう》を明《あき》らめ死《し》を明《あき》らむるは仏家《ぶっけ》一大《いちだい》事《じ》の因縁《いんねん》なり（「諸悪莫作」Ⅱ244）、生死《しょうじ》の中《なか》に仏《ほとけ》あれば生死《しょうじ》なし（「生死」Ⅳ466）、但生死即《ただしょうじすなわ》ち涅《ね》槃《はん》と心得《こころえ》て、生死《しょうじ》として厭《いと》うべきもなく、涅《ね》槃《はん》として欣《ねご》うべきもなし、是時初《このときはじ》め

涅槃であると心から理解して、生死として忌み嫌う必要もなく、涅槃として追い求める必要もないという境地にあれば、通俗的生死の世界の拘束から解放されるのである。そのためには、この生死を自分自身の人生そのものの最も重要な因縁として窮め尽くさなければならない。

第二節　最善最勝の生き方

私たちが人間の身体をもってこの世に生まれて来ることは難しく、さらにその上仏法に出会うことは誠に稀なことである。にもかかわらず、今幸いに過去より積み重ねられた好因縁に恵まれて、すでに受け難き人間的身体を獲得してこの世界に出現しただけではなくて、さらには会い難き仏法に会うことができたのである。これこそ、生死の中で善良なる生き方であり、最も勝れた生き方であ

て生死《しょうじ》を離《はな》るる分《ぶん》あり（「生死」Ⅳ467）、唯一大事因縁《ただいちだいじいんねん》と究尽《ぐうじん》すべし（「法華転法華」Ⅳ437）。

第二節

人身《にんしん》得ること難《かた》し、仏法値《ぶっぽうお》うこと希《ま》れなり（「帰依仏法僧宝」Ⅳ264）、今《いま》我等《われら》宿善《しゅくぜん》の助《たす》くるに依《よ》りて（「帰依仏法僧宝」Ⅳ282）、已《すで》に受《う》け難《がた》き人身《にんしん》を受《う》けたるのみに非《あら》ず、遇《あ》い難《がた》き仏法《ぶっぽう》に値《あ》い奉《たてまつ》れり（「出家功徳」Ⅳ100）、生死《しょうじ》の中《なか》の善生《ぜんしょう》、最勝《さいしょう》の生《しょう》なるべし（「袈裟功徳」Ⅳ118）、最勝《さいしょう》の善身《ぜんしん》を徒《いたず》

る。だからこそ、このような最も勝れた善良な人間的身体を無為徒労に任せて、露のような束の間の命を、最も勝れた人生としての仏法的人生にすることなく、ただ無常の風に吹きさらされるままにしてはもったいないのである。

第三節　無常の風と命のはかなさ

無常ほど当てにならないものはない。私たちの命は、露のようにはかない命であって、知らぬ間に、道ばたの名前さえ判らない草の根元に落ちて消えていくようなものである。私の体は私の思うがままには行かず、悠久なる大地自然の運行と一体化しそれにとけ込んで暫くも留まることはないのである。紅顔の美少年の姿はすでに消え去っていまいずこであり、どこにもその痕跡がない。過去あったことに再び出会いたいと思ってもまず二度と

らにして露命《ろめい》を無常《むじょう》の風《かぜ》に任《まか》すること勿《なか》れ（「出家功徳」Ⅳ69）。

第三節

無常《むじょう》憑《たの》み難《がた》し、知《し》らず露命《ろめい》いかなる道《みち》の草《くさ》にか落《お》ちん（「重雲堂式」旧Ⅰ96）、身《み》已《すで》に私《わたくし》に非《あら》ず、命《いのち》は光陰《こういん》に移《うつ》されて暫《しばら》くも停《とど》め難《がた》し、紅顔《こうがん》いずくへか去《さ》りにし、尋《たず》ねんとするに蹤跡《しょうせき》なし、熟《つらつら》観《かん》ずる所《ところ》に往事《おうじ》の再《ふたた》び逢《お》うべからざる多《おお》し（「恁麼」Ⅰ403）、無常《むじょう》忽《たちま》ちに到《いた》るときは国王大《こくおうだい》臣親暱従《じんしんじつじゅう》 僕妻子《ぼくさいし》珍宝《ちんほう》たすくる無《な》し、

出会うことはできない。ひとたび無常の殺鬼におそわれると、国王であれ、大臣であれ、親しい者であれ、従者であれ、妻子であれ、珍しい宝物であれ、人であれ物であれ、何ものも死の淵から救出してくれないのである。そのように、人は死を迎えたとき、人も物もすべてみな手放してただ一人黄泉《よみ》の国に旅立たねばならない。ただしかしながら、自分に付き従って離れないのは、己の行為の結果の業としての是非善悪だけである。

第四節　因果応報と善悪の問題

今の時代に行為の因果関係の重要性を知らず、行為の結果としての業報の大事さを明らかにせず、過去現在未来の三世の連続的関係を知らず、是非善悪の因果関係を弁えないような邪見を抱く人びとに与《く》みしてはならない。因果の道理は明々白々

唯独《ただひと》り黄泉《こうせん》に趣《おもむ》くのみなり、己《おの》れに随《したが》い行《ゆ》くは只是《ただこれ》善悪業等《ぜんあくごっとう》のみなり（「出家功徳」Ⅳ100）。

第四節

今《いま》の世《よ》に因果《いんが》を知《し》らず業報《ごっぽう》を明《あき》らめず、三世《さんぜ》を知《し》らず、善悪《ぜんあく》を弁《わき》まえざる邪見《じゃけん》の党侶《ともがら》には群《ぐん》すべからず（「三時業」Ⅳ301）、大凡因果《おおよそいんが》の道理《どうり》歴《れき》然《ねん》として私《わたくし》なし、造悪《ぞうあく》の者《もの》は堕《お》ち修《しゅ》

であって、私的な着想ではなくて、世界の根本事実である。悪いことをすれば必ず地獄に堕ち、善いことをすれば必ず極楽に行ける。因果の道理は少しも違うことはないのである。もし、善因善果悪因悪果というような因果の道理が非現実的なもので、空虚なものであるとすれば、過去の諸仏諸祖はこの世に出現されなかったであろうし、菩提《ぼだい》達磨《だるま》大和尚もわざわざインドから中国へ禅仏教を伝法されることはなかったであろう。

第五節　三時（現世・来世・来来世）と行為の帰結

行為の善悪に対する結果としての業報の考えに関しては三種のものがある。第一は、この現世の行為に対して、その結果がただちにこの現世に現れるものを「順現報受《じゅんげんほうじゅ》」と呼び、第二は、この現世の行為に対する結果としての業報が来世に現れる

善《ぜん》の者《もの》は陞《のぼ》る、毫釐《ごうり》も忒《たが》わざるなり、若《も》し因果《いんが》亡《ぼう》じて虚《むな》しからんが如《ごと》きは、諸仏《しょぶつ》の出世《しゅつせ》あるべからず、祖師《そし》の西《せい》来《らい》あるべからず（「深信因果」Ⅳ297）。

第五節

善悪《ぜんあく》の報《ほう》に三時《さんじ》あり、一者順現報《ひとつにはじゅんげんほう》受《じゅ》、二者順次生受《ふたつにはじゅんじしょうじゅ》、三者順後次《みつにはじゅんごじ》受《じゅ》、これを三時《さんじ》という、仏祖《ぶつそ》の道《どう》を修《しゅ》習《じゅう》するには、其最初《そのさいしょ》より斯三時《このさんじ》の業《ごう》報《ぼう》の理《り》を効《なら》い験《あき》らむるなり、爾《しか》あら

ものを、「順次生受《じゅんじしょうじゅ》」と呼び、第三は、この現世の行為の善悪に対する結果としての業報が来来世に現れるものを、「順後次受《じゅんごじじゅ》」と呼び、それらの三種を特に三時業と呼ぶのである。仏祖の道を修行し習学するには、まずはじめにこの三時業の原理を身をもって習得し体験するのである。そうでなければ、多くの場合、誤って邪な見解に陥り、ただ邪見に陥るだけではなくて、極悪非道な道に落ち込んで長い間地獄の苦しみを受けなければならなくなるのである。

第六節　今生の我が身の大切さ

当に知るべきことは、この世の生はこの一生の他にはなく、だから、この我が身が二つも三つもあるわけではないということである。したがって、そのように貴重で尊い人生なのに、いたずらに邪

ざれば多《おお》く錯《あやま》りて邪見《じゃけん》に堕《お》つるなり、但邪見《ただじゃけん》に堕《お》つるのみに非《あら》ず、悪道《あくどう》に堕《お》ちて長時《ちょうじ》の苦《く》を受《う》く（「三時業」Ⅳ301～302）。

第六節

当《まさ》に知《し》るべし今生《こんじょう》の我身《わがみ》二《ふた》つ無《な》し、三《み》つ無《な》し、徒《いたず》らに邪見《じゃけん》に堕《お》ちて虚《むな》しく悪業《あくごう》を感得《かんとく》せん、惜《おし》からざらめや、悪《あく》を造《つく》りながら悪《あく》に非《あら》ずと思《おも》い、悪《あく》

見に堕ちてむなしいことに悪業の報いを感受感得するであろう。まことに惜しいことなのだが、悪行を行いながら、悪行ではないと思い、悪の報いはありはしないと誤って思惟しても、そのことによって、悪業の報いを感受感得しないわけにはいかないのである。

第二章　懺悔滅罪

第七節　仏の慈悲の広大無辺さ

仏祖は憐れみ深いお方なので、広大にして慈悲深き法門を開かれたのである。これは一切衆生をして仏教的真理の世界に証入させるためである。このようなすばらしい法門に入ろうとしない者が、人間界天上界にありうるだろうか、いやありはしない。あの三時業で示されるような、悪の業報も必ず感知感得するに違いないとしても、仏の前で

の報《ほう》あるべからずと邪思惟《じゃしゆい》するに依《よ》りて悪《あく》の報《ほう》を感得《かんとく》せざるには非《あら》ず(「三時業」Ⅳ323)。

第二章　懺悔滅罪

第七節

仏祖《ぶっそ》憐《あわれ》みの余《あま》り広大《こうだい》の慈門《じもん》を開《ひら》き置《お》けり、是《こ》れ一切衆生《いっさいしゅじょう》を証入《しょうにゅう》せしめんが為《た》めなり、人天《にんでんたれ》誰か入《い》らざらん(「弁道話」Ⅰ37〜38)、彼《か》の三時《さんじ》の悪《あく》業報《ごっぽうかなら》必ず感《かん》ずべしと雖《いえど》も、懺悔《さんげ》するが如《ごと》きは重《おも》きを転《てん》じて軽受《きょうじゅ》せしむ、又滅罪清浄《まためつざいしょうじょう》ならしむるなり(「三時

懺悔すれば、仏は必ず重い罪を減じて軽い罰を受けさせるのである。それどころか、罪を無くして清浄ならしめるのである。

第八節　まごころと懺悔の功徳力

そういう次第であるので、誠の心を専一にして目前の仏に懺悔しなければならない。このように仏の御前で懺悔するときには、その前仏懺悔の功徳の力が、私を救って私を清浄な者にするのである。この功徳は、何ものにも妨げられない清らかな信仰心と仏道への精進力とを生長させてくれるのである。清浄なる信仰心がひとたび現前するときには、自己一人だけではなくて、周りの他の人びとに懺悔の功徳力を転々と波及していくものであり、さらには、その利益を、たんに人間及び一切の生物（有情）だけではなくて、山川・草木・大地等

業」旧Ⅲ137）。

第八節

然《しか》あれば誠心《じょうしん》を専《もっぱ》らにして前仏《ぜんぶつ》に懺《さん》悔《げ》すべし、恁麼《いんも》するとき前仏懺悔《ぜんぶつさんげ》の功徳力《くどくりき》我《われ》を拯《すく》いて清浄《しょうじょう》ならしむ、此《この》功徳《くどく》能《よ》く無礙《むげ》の浄信精進《じょうしんしょうじん》を生長《しょうちょう》せしむるなり、浄信一現《じょうしんいちげん》するとき、自《じ》佗《た》同《おな》く転《てん》ぜらるるなり、其利益《そのりやく》普《あまね》く情非情《じょうひじょう》に蒙《こう》ぶらしむ（「渓声山色」Ⅱ124〜125）。

（非情）を含めたすべての存在者にも蒙らしめるにいたるのである。

第九節　仏も昔は凡夫、私たちも未来は仏

懺悔の大意とは、願わくは、たとえ私は過去の悪業が多く積み重なって仏道修行を妨げる因縁があるとしても、仏道修行によって道を得られた諸仏諸祖が私を憐れみいただいて、私にとって修行の妨げになっている過去の業の拘束・繫縛から解脱させていただき、仏道を参学するのに障りがないようにしていただき、さらには、懺悔の功徳の法門が、あまねく無尽の仏法世界に充満し染み渡るように憐れみを私にどうか分与していただきたい。仏祖も悟る前においては私たち同様に凡夫として迷っていたのであり、私たちの将来は懺悔の功徳力と精進努力とによって仏祖と成りうるのである。

第九節

其大旨《そのだいし》は、願《ねが》わくは我《わ》れ設《たと》い過去《かこ》の悪業《あくごう》多《おお》く重《かさ》なりて障道《しょうどう》の因縁《いんねん》ありとも、仏道《ぶつどう》に因《よ》りて得道《とくどう》せりし諸仏《しょぶつ》諸《しょ》祖《そ》我《われ》を愍《あわれ》みて業累《ごうるい》を解脱《げだつ》せしめ、学《がく》道障《どうさわ》り無《な》からしめ、其功《そのく》徳法門《どくほうもん》普《あま》ねく無《む》尽法界《じんほっかい》に充満弥《じゅうまんみ》綸《りん》せらん、哀《あわれ》みを我《われ》に分布《ぶんぷ》すべし、仏祖《ぶっそ》の往昔《おうしゃく》は吾《われ》等《ら》なり、吾等《われら》が当来《とうらい》は仏祖《ぶっそ》ならん

（「渓声山色」Ⅱ125）。

第十節　懺悔すれば、必ず仏の助けがある

「私が過去において作り出したもろもろの悪行のしからしむるところは、みなことごとくはじめのない三つの毒、すなわち、むさぼり（貪欲）、いかり（瞋恚）、愚痴の三種から発出するものである。それらは、身体現象学の見地からいえば、身体による行為、口による発言、心意識による思考、これら三つの代表的な人間的活動から悪が生ずるのである。これらの悪業をいま私は、ことごとく懺悔する」、このように懺悔すれば、必ず仏祖が知らぬ間に助けて下さるのである。

第三章　受戒入位

第十一節　仏道は仏法僧の三宝を敬うことから始まる

次には深く仏法僧の三宝を崇敬しなければならない、生まれ変わり死に変わっても仏法僧の三宝を

第十節

我《が》昔《しやく》所《しよ》造《ぞう》諸《しよ》悪《あく》業《ごう》、皆《かい》由《ゆう》無《む》始《し》貪《とん》瞋《じん》痴《ち》、従《じゆう》身《しん》口《く》意《い》之《し》所《しよ》生《しよう》、一切《いつさい》我《が》今《こん》皆《かい》懺悔《さんげ》（『四十華厳経』「普賢行願品偈」、『永平祖師得度略作法』）、是《かく》の如《ごと》く懺悔《さんげ》すれば必《かなら》ず仏祖《ぶつそ》の冥助《みようじよ》あるなり、心《しん》念《ねん》身《しん》儀《ぎ》発露《ほつろ》白《びやく》仏《ぶつ》すべし、発露《ほつろ》の力《ちから》罪根《ざいこん》をして銷殞《しよういん》せしむるなり（「渓声山色」Ⅱ126）。

第三章　受戒入位

第十一節

次《つぎ》には深《ふか》く仏法僧《ぶつぽうそう》の三宝《さんぼう》を敬《うやま》い奉《たてまつ》るべし、生《しよう》を易《か》え身《み》を易《か》えても三宝《さんぼう》を

供養し崇敬しなければならない。インドでも中国でも仏祖が真理を正しく伝承された所では、人びとが仏法僧の三宝を尊崇し崇敬している。

第十二節　三宝への帰依こそ解脱と菩提の基である

福薄く徳少なき者、福徳の乏しい衆生は仏法僧の三宝という名前さえ知らない、まして況わんや、仏法僧の三宝に帰依するなどということがどうしてできようか。たいした根拠もなしに、押し迫られるような、何か不気味な圧力を恐れて、怪しい山の神や鬼神等に帰依したり、仏教以外の霊廟に帰依したりしてはならない。そのようなものに帰依する者はその帰依によってもろもろの苦悩から解放されることはできない。だからこそ、速やかに大先生である仏と、その教え（真理）と、その

供養《くよう》し敬《うやま》い奉《たてまつ》らんことを願《ねご》うべし（「道心」Ⅳ471）、西天東土仏祖正伝《さいてんとうどぶっそしょうでん》する所《ところ》は恭敬仏法僧《くぎょうぶっぽうそう》なり（「帰依仏法僧宝」Ⅳ255）。

第十二節

若《も》し薄福少徳《はくふくしょうとく》の衆生《しゅじょう》は三宝《さんぽう》の名字《みょうじ》猶《な》お聞《き》き奉《たてまつ》らざるなり、何《いか》に況《いわん》や帰依《きえ》し奉《たてまつ》ることを得《え》んや（「帰依仏法僧宝」Ⅳ259〜260）、徒《いたず》らに所逼《しょひつ》を怖《おそ》れて山神鬼神《さんじんきじん》等《とう》に帰依《きえ》し、或《あるい》は外道《げどう》の制多《せいた》に帰依《きえ》すること勿《なか》れ、彼《かれ》は其帰依《そのきえ》に因《よ》りて衆苦《しゅく》を解脱《げだつ》すること無《な》し（「帰依仏法僧宝」Ⅳ262〜263）、早《はや》く仏法僧《ぶっぽうそう》の三宝《さんぽう》に帰依《きえ》し奉《たてまつ》りて、衆苦《しゅく》を解脱《げだつ》するのみに非《あら》ず菩提《ぼだい》を成就《じょうじゅう》すべ

教えを現実に説く僧侶との三宝に帰依して、もろもろの苦しみから自己を解き放つだけではなくて、悟りを実現しなければならないのだ。

第十三節　三宝への帰依こそすべての戒の基本である

仏法僧の三つの宝に帰依し奉るということは、まさしく清浄無垢なる信仰心を専一にして、お釈迦様の在世の時代であろうと、お釈迦様亡き後の時代であろうとも、とにかく両手をあわせて合掌し、頭を低く下げて口に称えて次のように言うのがよい。御仏に帰依し奉る、教法に帰依し奉る、僧侶に帰依し奉る。御仏はすなわち大先生なるがゆえに帰依するのであり、教法は良い薬なるがゆえに帰依するのであり、僧侶は勝れた友なるがゆえに帰依するのである。御仏の弟子になるには、必ず仏法僧の三宝に帰依することに依拠するのであり、

し（「帰依仏法僧宝」Ⅳ264）。

第十三節

其《その》帰依《きえ》三宝《さんぼう》とは正《まさ》に浄信《じょうしん》を専《もっぱ》らにして、或《あるい》は如来現在世《にょらいげんざいせ》にもあれ、或《あるい》は如来滅後《にょらいめつご》にもあれ、合掌《がっしょう》し低頭《ていず》して口《くち》に唱《とな》えて云《いわ》く（「帰依仏法僧宝」Ⅳ256）、南無《なむ》帰依《きえ》仏《ぶつ》、南無《なむ》帰依《きえ》法《ほう》、南無《なむ》帰依《きえ》僧《そう》（「道心」Ⅳ472）、仏《ほとけ》は是《こ》れ大師《だいし》なるが故《ゆえ》に帰依《きえ》す、法《ほう》は良薬《りょうやく》なるが故《ゆえ》に帰依《きえ》す、僧《そう》は勝友《しょうゆう》なるが故《ゆえ》に帰依《きえ》す（「帰依仏法僧宝」Ⅳ257）、仏弟子《ぶつでし》となること必《かなら》ず三帰《さんき》に依《よ》る、何《いず》れの戒《かい》を受《う》くるも必《かなら》ず三帰《さんき》を受《う》け

他にどのような戒を受けるにしても、まずはじめに必ずこの仏法僧の三宝に帰依する戒を受けるのである、こういう理由からして、仏法僧の三宝に帰依することから、そもそも一般に戒を受けるということ自体が成り立ち得るのである。

第十四節　三宝への帰依こそ最尊最上の功徳である

こうした仏法僧の三宝に帰依する功徳というものは、衆生が諸仏の加被力（衆生に利益を与える力）を感じ求め、同時に仏菩薩が衆生の要請に応じ赴く心とが相通じあう（感応道交する）ときにはじめて成就されうるものである。よしんば天上世界の住人、人間世界の住人、地獄世界の住人、餓鬼や畜生というような悟りの不十分な存在者であっても、上に述べたような求める心と応ずる心とが不二一体的に合致する（感応道交する）場合にお

て其後《そののち》諸戒《しょかい》を受《う》くるなり、然《しか》あれば則《すなわ》ち三帰《さんき》に依《よ》りて得戒《とくかい》あるなり（「帰依仏法僧宝」Ⅳ275）。

第十四節

此《この》帰依《きえ》仏法僧《ぶっぽうそう》の功徳《くどく》、必《かなら》ず感応道交《かんのうどうこう》するとき成就《じょうじゅう》するなり、設《たと》い天上《てんじょう》人間《にんげん》地獄《じごく》鬼畜《きちく》なりと雖《いえど》も、感応道交《かんのうどうこう》すれば必《かなら》ず帰依《きえ》し奉《たてまつ》るなり、已《すで》に帰《き》依《え》し奉《たてまつ》るが如《ごと》きは生生《しょうしょう》 世《せ》世《せ》在在処《ざいざいしょ》処《しょ》に増長《ぞうちょう》し、必《かなら》ず積功累徳《しゃっくるいとく》し、阿耨《あのく》多羅《たら》三藐《さんみゃく》 三菩提《さんぼだい》を成就《じょうじゅう》するなり（「帰依仏法僧宝」Ⅳ255～256）、知《し》るべし三帰《さんき》の功徳《くどく》其《そ》れ最尊最上《さいそんさいじょう》 甚深不《じんじんふ》

可思議《かしぎ》なりということ、世尊《せそん》已《すで》に証《しょう》明《みょう》しまします、衆生《しゅじょう》当《まさ》に信受《しんじゅ》すべし（「帰依仏法僧宝」Ⅳ268〜269）。

いては、仏法僧の三宝に帰依し奉ることができるのである。すでに仏法僧の三宝に帰依し奉る人間は、生まれ変わり死に変わりして、未来幾万世を経ても、かつ到るところにおいても、その功徳が増加拡大して、その功徳を積み上げ重ね合わせて、阿耨多羅三藐三菩提、すなわち、この上ない最高の正しい悟り（無上正等正覚）に到達するのである。こういう次第であるのだから、わきまえ知らねばならないのは、仏法僧の三宝に帰依する功徳は、最も尊く、最も上等なものであり、はなはだ不可思議なものであり、人間的思惟の範疇を超越しているということである。このことをまさしく、お釈迦様は、すでに証明されているのだから、私たち衆生は確信し受け入れなければならない。

第十五節　三つの誓願と十項目の行動指針

次にはまさに三聚浄戒（衆生が身を清らかに保つために必要不可欠の三つの戒）を受用護持しなければならない。それらの第一は摂律儀戒（一切の悪不善を行わないという防止非悪の戒）、第二は摂善法戒（できるかぎり一切の福善を行うべきであるという戒）、第三は摂衆生戒（一切の衆生を受け入れて救済利益するべきであるという戒）である。次にはまさに十重禁戒（仏祖が正しく伝えたとされる十箇条の重要な禁戒）を受用護持しなければならない。第一は不殺生戒（生き物、就中《なかんずく》人間を殺してはならないという戒め）、第二は不偸盗戒（他人のものを盗んではならないという戒め）、第三は不邪淫戒（淫欲をつつしまなければならないという戒め）、第四は不妄語戒（間違い、でたらめ、嘘など不誠実なことを言ってはならないという戒め）、第五は不酤

第十五節

次《つぎ》には応《まさ》に三聚浄戒《さんじゅじょうかい》を受《う》け奉《たてまつ》るべし、第一摂律儀戒《だいいちしょうりつぎかい》、第二摂善法戒《だいにしょうぜんぼうかい》、第三摂衆生戒《だいさんしょうしゅじょうかい》なり、次《つぎ》には応《まさ》に十重禁戒《じゅうじゅうきんかい》を受《う》け奉《たてまつ》るべし、第一不殺生戒《だいいちふせっしょうかい》、第二不偸盗戒《だいにふちゅうとうかい》、第三不邪淫戒《だいさんふじゃいんかい》、第四不妄語戒《だいしふもうごかい》、第五不酤酒戒《だいごふこしゅかい》、第六不説過戒《だいろくふせっかかい》、第七不自讃毀他戒《だいしちふじさんきたかい》、第八不慳法財戒《だいはちふけんほうざいかい》、第九不瞋恚戒《だいくふしんいかい》、第《だい》十不謗三宝戒《じゅうふぼうさんぼうかい》なり、上来三帰《じょうらいさんき》、三聚浄戒《さんじゅじょうかい》、十重禁戒《じゅうじゅうきんかい》、是《こ》れ諸仏《しょぶつ》の受持《じゅじ》したまう所《ところ》なり（『梵網経』、『教授戒文』、「受戒」Ⅳ111～115等参照）。

酒戒（酒を売ってはならないという戒め）、第六は不説過戒（他人の間違いや欠点をことさらに言い立てたり、人をして言わせてはならないという戒め）、第七は不自讃毀佗戒（自分のことをほめ、他人のことを悪く言ってはならないという戒め）、第八は不慳法財戒（ものでも心でも言葉でも、人に施すことを惜しんではならないという戒め）、第九は不瞋恚戒（わけもなく、むやみやたらと怒ってはならないという戒め）、第十は不謗三宝戒（仏法僧の三宝を誹謗してはならないという戒め）である。以上に述べた、三帰戒、三聚浄戒、十重禁戒の合計十六条の戒は諸仏が受用護持されるものである。

第十六節　仏のみ子の自覚としての受戒

戒を受けるということは、過去現在未来の諸仏が、皆ことごとく、その行為によってこの上ない上等

第十六節

受戒《じゅかい》するが如《ごと》きは、三世《さんぜ》の諸仏《しょぶつ》の所《しょ》証《しょう》なる阿《あ》耨多羅三藐三菩提《のくたらさんみゃくさんぼだい》金剛不壊《こんごうふえ》

な、最高最尊の悟りである阿耨多羅三藐三菩提、言い換えるとダイヤモンドのように叩いても壊れない堅固な仏の悟りの成果を実証するということなのである。こういう次第であるので、もし本当に智慧ある人ならば、そのことを望まないということがあり得ようか、決してあり得ないのである。

先に述べてきた、三帰戒、三聚浄戒、十重禁戒の十六条の菩薩戒は、すなわち、諸仏の受容護持してこられたところのものである。だからこそ、釈迦牟尼仏世尊は一切衆生のために次のように説示されたのである。衆生がこれらの十六条の仏戒を受ければ、まさに諸仏と同じ世界に入り得たのであり、諸仏の悟りとしての大覚（大人の自覚）を得たのと同じ境地の世界に入ったのである。だから、諸仏の子供となったのである。

の仏果《ぶっか》を証《しょう》するなり、誰《たれ》の智人《ちにん》か欣《ごん》求《ぐ》せざらん、世《せ》尊《そん》明《あき》らかに一切衆《いっさいしゅ》生《じょう》の為《ため》に示《しめ》しまします（「帰依仏法僧宝」Ⅳ262）、衆生《しゅじょう》仏戒《ぶっかい》を受《う》くれば、即《すなわ》ち諸仏《しょぶつ》の位《くらい》に入《い》る、位大覚《くらいだいがく》に同《おな》じうし已《おわ》る、真《まこと》に是《こ》れ諸仏《しょぶつ》の子《みこ》なりと（『梵網経』）。

第十七節　世界のすべては仏の声と姿の現れである

諸仏は常にこの坐禅という自受用三昧の中に住持して働き続けているが、にもかかわらずその働きがどちらの方面においてどのように働いているのかは人間の知覚で捉えられるものではなく、これに対して一切衆生の方はいつもこの三昧の中で生かされているのであるが、それがどの方面にどのように働いているのか知覚されるものではないのである。このように、人間凡夫が諸仏の妙術としての坐禅を行ずる時には、世界がまるごとすなわち仏の世界（仏国土）となっているのだから、世界の中にあるものすべて（土地草木墻壁瓦礫皆）が仏の世界の構成要素となっているのであり、存在のすべては、土地であろうと、草木であろうと、牆壁であろうと、瓦礫であろうと、みな仏身のあらわれとなっているのである。このように坐禅す

第十七節

諸仏《しょぶつ》の常《つね》に此中《このなか》に住持《じゅうじ》たる、各各《かくかく》の方面《ほうめん》に知覚《ちかく》を遺《のこ》さず、群生《ぐんじょう》の長《とこしな》えに此中《このなか》に使用《しよう》する、各各《かくかく》の知覚《ちかく》に方面《ほうめん》露《あらわ》れず（「弁道話」Ⅰ11～12）、是時《このとき》十方法界《じっぽうほっかい》の土地《とち》草木牆壁瓦礫《そうもくしょうへきがりゃく》皆仏《みなぶつ》事《じ》を作《な》すを以《もっ》て、其起《そのおこ》す所《ところ》の風水《ふうすい》の利益《りやく》に預《あずか》る輩《ともがら》、皆甚妙不可思議《みなじんみょうふかしぎ》の仏《ぶつ》化《け》に冥資《みょうし》せられて親《ちか》き悟《さとり》を顕《あら》わす（「弁道話」Ⅰ16）、是《これ》を無為《むい》の功徳《くどく》とす、是《これ》を無作《むさ》の功徳《くどく》とす、是《こ》れ発菩《ほつぼ》提心《だいしん》なり（「発菩提心」Ⅲ328）。

るときには、仏から吹いてくる風、仏から潤される水の恩恵に浴するものがみなことごとく、はなはだ不可思議極まる仏の働きにひそかに助けられて、私たちの真実の自己と親密なる悟りを目の当たりに実現しているのである。こういうことを、人為を超えた無為の功徳というのであり、同じく作為を超えた無作の功徳というのであり、このように人為的な計らいを超えた働きこそが真の発菩提心なのである。

第四章　発願利生

第十八節　自己より先に他者を救う発菩提心

求道心（菩提心）を発《おこ》すということは、自分が救われるよりもさきにまず一切衆生を救うのだという願をおこし実行することである。たとえ未出家者（在家人）であっても、たとえ出家者であって

第四章　発願利生

第十八節

菩提心《ぼだいしん》を発《おこ》すというは、己《おの》れ未《いま》だ度《わた》らざる前《さき》に一切衆生《いっさいしゅじょう》を度《わた》さんと発願《ほつがん》し営《いとな》むなり（「発菩提心」Ⅳ177）、設《たと》い在家《ざいけ》にもあれ、設《たと》い出家《しゅつけ》にもあれ、

も、あるいは天上界に住んでいても、人間界に住んでいても、苦しみの中にあっても、楽しみの中にあっても、速やかに自分が救われるよりもさきにまず他人を救うのだという心をおこさなければならない。

第十九節　老若男女を問わない発菩提心

その姿形がたとえみすぼらしくみえても、ひとたびこの気持ちを発動させれば、もうすでに一切衆生を導く先生である。もしかりにその人が七歳の女子だとしても、男僧・女僧・男性信者・女性信者（比丘・比丘尼・優婆塞・優婆夷）の四種の人々を導く先生となれるのであり、お釈迦様のように、一切衆生を憐れみ救う慈悲深い父親ともなれるのである。男女の区別を論じて差別感を設けてはならない。男女等しく仏弟子となれるということを

或《あるい》は天上《てんじょう》にもあれ、或《あるい》は人間《にんげん》にもあれ、苦《く》にありというとも楽《らく》にありというとも、早《はや》く自未得度先度佗《じみとくどせんどた》の心《こころ》をおこすべし（「発菩提心」Ⅳ188）。

第十九

其形《そのかたち》陋《いや》しというとも、此心《このこころ》を発《おこ》せば、已《すで》に一切衆生《いっさいしゅじょう》の導師《どうし》なり（「発菩提心」Ⅳ177）、設《たと》い七歳《しちさい》の女流《にょりゅう》なりとも即《すなわ》ち四衆《ししゅ》の導師《どうし》なり、衆生《しゅじょう》の慈《じ》父《ふ》なり（「礼拝得髄」Ⅱ170）、男女《なんにょ》を論《ろん》ずること勿《なか》れ、此《こ》れ仏道極妙《ぶつどうごくみょう》の法《ほう》則《そく》なり（「礼拝得髄」Ⅱ169）。

わきまえなければならない。これこそが、仏道のきわめて優れた法則真理である。

第二十節　人を成仏得道に導く発菩提心

もし悟りを求めようとする心を起こした後に、仮に輪廻転生する六種の世界（地獄界という最低最悪の世界、餓鬼のように欲求不満の鬼神の世界、畜生のような動物的獣的世界、いつも争いごとに巻き込まれる修羅道の世界、煩悩に苛《さいな》まれ無常に支配される人間界、無常を知らない安逸の世界としての天上界）や、四種の発生の仕方（胎生、卵生、湿生、化生）をもつ存在者の世界に輪廻転生するとしても、その輪廻転生の契機のすべてがまたことごとく菩提という悟りを獲得する願的行為となるのである。

そういう次第であるので、これまでの月日はたとえ無為徒労に過ごしてきたとしても、この世の命

第二十節

若《も》し菩提心《ぼだいしん》を発《おこ》して後《のち》、六趣四生《ろくしゆししよう》に輪転《りんでん》すと雖《いえど》も、其輪転《そのりんでん》の因縁皆菩提《いんねんみなぼだい》の行願《ぎようがん》となるなり、然《しか》あれば従来《じゆうらい》の光陰《こういん》は設《たと》い空《むなし》く過《すご》すというとも、今《こん》生《じよう》の未《いま》だ過《す》ぎざる際《あい》だに急《いそ》ぎて発願《ほつがん》すべし（「渓声山色」Ⅱ117）、設《たと》い仏《ほとけ》に成《な》るべき功徳熟《くどくじゆく》して円満《えんまん》すべしというとも、尚《な》お廻《めぐ》らして衆生《しゆじよう》の成仏《じようぶつ》得道《とくどう》に回向《えこう》するなり（「発菩提心」Ⅳ181）、或《あるい》は無量劫行《むりようごうおこな》いて衆生《しゆじよう》を先《さき》に度《わた》して自《みず》からは終《つい》に仏《ほとけ》に成《な》らず、但《ただ》し衆生《しゆじよう》を度《わた》し衆生《しゆじよう》を利益《りやく》するもあり

が終わってしまわない間に、つまり生きているうちに、急いで菩提を求めようとする願をおこさなければならないのである。たとえ仏となれる程の功徳が熟していて十分に仏となれるとしても、その前にまず一切衆生が成仏できるように献身しなければならないのである。あるいは、無限に長い時間にわたって、衆生済度を先行させて、自分自身は最後まで仏とならずに、ただひたすら衆生を済度し衆生のために尽くす行為もあるのである。

第二十一節　布施は人に法と財を施すことである

衆生のために役立つ行為には、四種の智慧の働きがあり、第一は布施であり、第二は愛語であり、第三は利行であり、第四は同事である。これらは菩薩が修行によって実現すべき誓願である。布施とはひたすら施すことであるから、貪りの心が少

（「発菩提心」Ⅳ178）。

第二十一節

衆生《しゅじょう》を利益《りやく》すというは（「発菩提心」Ⅳ181）四枚《しまい》の般若《はんにゃ》あり（「摩訶般若波羅蜜」Ⅰ62）、一者布施《ひとつにはふせ》、二者愛語《ふたつにはあいご》、三者利行《みつにはりぎょう》、四者同事《よつにはどうじ》（「菩提薩埵四摂法」Ⅳ419）、是《こ》れ則《すなわ》ち「薩埵《さった》の行願《ぎょうがん》

しでも残っていたら、たとえ何かを人に布施しても、それは本当の意味での布施行為ではない。人の布施を貪ってはならない、ただ、人が布施を行うのを邪魔してはならない。だからこそ、自分のものではない物、つまり他人様からいただいた物を施してもそれは布施といってもよい道理がある。布施に関してはその軽少を問題にしてはならず、布施行為の誠実さが重要である。そうであるから、一句一偈の言葉でもよいから法を説くという施しをなすべきであり、それによって今生や後生に善い果報をもたらす種となるのである。一銭一草でもよいから財物を施すべきであり、それによって、現世や来世に善い結果をもたらす根本的原因となるのである。法を説く力があればそれが財力となり、また財力があれば法力を習得する機会も増えるのである。ただ施主は自らの布施行為のお返し

なり（「菩提薩埵四摂法」Ⅳ428）、其布《そのふ》施《せ》といふは不貪《ふとん》なり。不貪といふは、むさぼらざるなり」（「菩提薩埵四摂法」Ⅳ419）、我物《わがもの》に非《あら》ざれども布施《ふせ》を障《さ》えざる道理《どうり》あり、其物《そのもの》の軽《かろ》きを嫌《きら》わず、其功《そのこう》の実《じつ》なるべきなり（「菩提薩埵四摂法」Ⅳ420）、然《しか》あれば則《すなわ》ち一句《いっく》一偈《いちげ》の法《ほう》をも布施《ふせ》すべし、此生佗生《ししようたしよう》の善種《ぜんしゅ》となる、一銭一草《いっせんいっそう》の財《たから》をも布施《ふせ》すべし、此世佗世《しせたせ》の善根《ぜんごん》を兆《きざ》す、法《ほう》も財《たから》なるべし、財《たから》も法《ほう》なるべし（「菩提薩埵四摂法」Ⅳ420〜421）、但彼《ただかれ》が報謝《ほうしや》を貪《むさぼ》らず、自《みず》からが力《ちから》を頒《わか》つなり、舟《ふね》を置《お》き橋《はし》を渡《わた》すも布施《ふせ》の檀度《だんど》なり、治生産業《ちしようさんぎよう》固《もと》より布施《ふせ》に非《あら》ざること無《な》し（「菩提薩埵四摂

をほしがってはならない、ただひたすら自らの力量に見合った布施行為をなすべきである。たとえば、（行基菩薩のように）舟を造ったり橋をかけたりするのも立派な布施行為であり、生業を営み、産業を興すのももとより布施行為となりうるのである。

第二十二節　愛語は人をも天をも動かす

愛語ということは、衆生を見る場合に、まず慈しみ愛する心を発《おこ》し、顧《かえり》み愛する言葉を述べることである。衆生を慈しみ愛することはちょうど我が子を念《おも》うがごとき思いを抱いて言葉を語るのが愛語である。有徳な者に対しては賞賛し、徳なき人間に対しては憐れみの気持ちを抱かなければならない。怨みある敵を降伏させ、争っている君主同士を和睦に導くのはみな愛語が根本である。目の

法」Ⅳ421）。

第二十二節

愛語《あいご》というは、衆生《しゅじょう》を見《み》るに、先《ま》ず慈愛《じあい》の心《こころ》を発《おこ》し、顧愛《こあい》の言語《ごんご》を施《ほどこ》すなり、慈念衆生猶如赤子《じねんしゅじょうゆうにょしゃくし》の懐《おも》いを貯《たく》わえて言語《ごんご》するは愛語《あいご》なり、徳《とく》あるは讃《ほ》むべし、徳《とく》なきは憐《あわれ》むべし、怨敵《おんてき》を降伏《ごうぶく》し、君子《くんし》を和睦《わぼく》ならしむること愛語《あいご》を根本《こんぽん》とするなり、面《むか》いて愛語《あいご》を聞《き》くは面《おもて》を喜《よろこ》ばしめ、心《こころ》を

前で直接的にやさしい言葉を聞けば、喜びの顔をもたらし、楽しい心を生ぜしめるのであり、人づてに間接的に優しい言葉を聞くのは肝に銘じ魂に銘ずるものである。まことに愛語は天をも動かす力があることを学ばなければならない。

第二十三節　利他行こそ自他共に救われる行為である

利行ということは、人間界と天上界に生を受けた衆生であれ、地獄・餓鬼・畜生・修羅などの世界に生を受けた衆生であれ、どの衆生に対しても等しく、彼らのために何か役に立つことをしてあげるという最適最善の行為・工夫を巡らすことである。いじめられて困っている亀を見たり、病気で弱っている雀を見たりしたときには、何かの代償を獲得するためにではなく、ただひとえに真心から、困っているものを助けようとするのである。

楽《たの》しくす、面《むか》わずして愛語《あいご》を聞《き》くは肝《きも》に銘《めい》じ魂《たましい》に銘《めい》ず、愛語《あいご》能《よ》く廻天《かいてん》の力《ちから》あることを学《がく》すべきなり（「菩提薩埵四摂法」Ⅳ423～424）。

第二十三節

利行《りぎょう》というは貴賤《きせん》の衆生《しゅじょう》に於《お》きて利《り》益《やく》の善巧《ぜんぎょう》を廻《めぐ》らすなり、窮亀《きゅうき》を見《み》病雀《びょうじゃく》を見《み》しとき、彼《かれ》が報謝《ほうしゃ》を求《もと》めず、唯単《ただひと》えに利行《りぎょう》に催《もよ》おさるるなり、愚人《ぐにん》謂《おも》わくは利佗《りた》を先《さき》とせば自《みず》からが利《り》省《はぶか》れぬべしと、爾《しか》には非《あら》ざるなり、利行《りぎょう》は一法《いっぽう》なり、普《あま》ねく自佗《じた》を利《り》するなり（「菩提薩埵四摂法」Ⅳ424）。

愚かな人は、そんなに他人のために尽くすと、自分の利益がおろそかになるのではないかと考えるかもしれないが、それは浅はかな考えである。むしろ、他人のためになる行為は、世界全体としては、利益の循環であり、善い行為の結果は他者はもちろん、自分にも及んでくるものであり、したがって、善い行為は、他者のみならず自分のためにもなるのである。

第二十四節　社会は自他一如の同事行で成り立つ

同事すなわち、事を同じうするということは、違《たが》わずということである。このとき、自己にも違わず、他者にも違わずということであり、たとえば、人間の如来つまり釈尊がこの人間界の衆生を救うために人間の姿をとられてこの世に出現されたようなものである。衆生を済度するということは、

第二十四節

同事《どうじ》というは不違《ふい》なり、自《じ》にも不違《ふい》なり、佗《た》にも不違《ふい》なり、譬《たと》えば人間《にんげん》の如来《にょらい》は人間《にんげん》に同《どう》ぜるが如《ごと》し（「菩提薩埵四摂法」Ⅳ425）、佗《た》をして自《じ》に同《どう》ぜしめて後《のち》に自《じ》をして佗《た》に同《どう》ぜしむる道理《どうり》あるべし、自佗《じた》は時《とき》に随《したご》う

まず救う者が自らを救われる者の立場に立って、衆生と目線を同じうした後に、衆生をして仏教の教え（仏）に従わせてはじめて、自己の立場を他者の立場におくという道理が成り立つのである。この自他の関係は諸仏衆生の間だけではなくて、いろいろな場合が成り立つのである。したがって、たとえば海は水を厭わないからこそ、水をためて海となりうるのであるが、これが同事ということである。だからこそ、水が流れ込んできて大海となるのである。

第二十五節　発菩提心の実践は最高の功徳である

大体菩提心によってなされるべき願には、布施・愛語・利行・同事といった四種の智慧の働きがあるということを、静かに熟慮しなければならない、決して慌てて行ってはならない、衆生を済度し、

て無窮《むきゅう》なり、海《うみ》の水《みず》を辞《じ》せざるは同《どう》事《じ》なり、是故《このゆえ》に能《よ》く水聚《みずあつま》りて海《うみ》となるなり（「菩提薩埵四摂法」Ⅳ426〜427）。

第二十五節

大凡《おおよそ》菩提心《ぼだいしん》の行願《ぎょうがん》には（「渓声山色」Ⅱ118）是《かく》の如《ごと》くの道理《どうり》静《しず》かに思惟《しゆい》すべし、卒爾《そつじ》にすること勿《なか》れ（「仏経」Ⅲ92）、済度摂受《さいどしょうじゅ》に一切衆生皆化《いっさいしゅじょうみなけ》を

衆生の悩みを摂取し受用する（聞く）ということによって一切衆生がみなことごとく教化されるという功徳を礼拝随喜し、恭しく敬い奉らなければならない。

第五章　行持報恩

第二十六節　この世に生まれ仏に出会う喜び

こうした菩提心を発《おこ》すということは、たいていは南閻浮提《なんえんぶだい》（南洲）に生まれてくる存在者（この地球上の住人である人間）によって行われるものである。今このような因縁によって私たちはこの地上に生まれ、仏教に出会うという好運に恵まれたのである。我ら幸いにお釈迦様を拝顔し奉ることができるということを喜ばずにはおれないではないか。

被《こう》ぶらん功徳《くどく》を礼拝恭敬《らいはいくぎょう》すべし（「礼拝得髄」Ⅱ183）。

第五章　行持報恩

第二十六節

此発菩提心《このほつぼだいしん》、多《おお》くは南閻浮《なんえんぶ》の人身《にんしん》に発心《ほっしん》すべきなり（「発菩提心」Ⅳ178）、今是《いまかく》の如《ごと》くの因縁《いんねん》あり（「渓声山色」Ⅱ120）、願生此娑婆国土《がんしょうししゃばこくど》し来《きた》れり（「見仏」Ⅲ226）、見釈迦牟尼仏《けんしゃかむにぶつ》を喜《よろこ》ばざらんや（「見仏」Ⅲ225）。

第二十七節　正しい教え（正法）にあうことを願う

心静かに憶念《おくねん》想起してみよ、正法がこの世に流布していないときは、正法のために身を献げようと願っても、正法に出会うことはとうていできないので、現実に生きているいまここで正法に会うことを願わなければならないのである。お釈迦様が次のようにいわれたことを知らないものはないであろう。すなわち、この上なく最高の悟り（阿耨多羅三藐三菩提）をお説きになる先生（師）に会いたいと思えば、生まれとか氏素性を考えてはいけないし、美人だとかハンサムだとかを規準にしてはならない、欠点を嫌ってはならない、その行状にとらわれてはいけないのである。大事なことは、仏教の先生に就いて仏の道を学ぶときには、先生が本当の智慧としての般若を具えていらっしゃるかどうかを規準としなければならない。した

第二十七節

静《しず》かに憶《おも》うべし、正法世《しょうぼうよ》に流布《るふ》せざらん時《とき》は、身命《しんめい》を正法《しょうぼう》の為《ため》に抛捨《ほうしゃ》せんことを願《ねご》うとも値《お》うべからず、正法《しょうぼう》に逢《お》う今日《こんにち》の吾等《われら》を願《ねご》うべし（「行持下」Ⅰ359）、見《み》ずや、仏《ほとけ》の言《のたま》わく、無上菩提《むじょうぼだい》を演説《えんぜつ》する師《し》に値《あ》わんには、種姓《しゅしょう》を観《かん》ずること莫《なか》れ、容顔《ようがん》を見《み》ること莫《なか》れ、非《ひ》を嫌《きろ》うこと莫《なか》れ、行《おこない》を考《かんが》うること莫《なか》れ、但般若《ただはんにゃ》を尊《そん》重《じゅう》するが故《ゆえ》に（「礼拝得髄」Ⅱ161）、日日三時《にちにちさんじ》に礼拝《らいはい》し、恭敬《くぎょう》して、更《さら》に患悩《げんのう》の心《こころ》を生《しょう》ぜしむること莫《なか》れと（「礼拝得髄」Ⅱ161）。

がって、日々刻々四六時中仏々祖々並びにその教えを礼拝し敬い奉っていかねばならず、決して疑いの心を起こしてはならないのである。

第二十八節　人類は報恩感謝の念を忘れてはならない

いまここで私たちが仏を拝見することができ、その教えを聞くことができるのは、もともと諸仏諸祖が、師匠と弟子としてじきじきに相対して修行し護持することによって教え伝えたそのご恩のおかげである。だから、もし仏祖たちがそのように師匠から弟子へと一人ずつ伝えていかなかったならば、どのようにして今日このような仏法が伝わったといえようか。ただ一句の言葉、ただ一つの真理（教え）が伝えられたことに対する報恩感謝の念を持たなければならない。病気の雀も救われた恩を忘れずに、恩人が四代の子孫に至るまで位

第二十八節

今《いま》の見仏聞法《けんぶつもんぽう》は仏祖《ぶっそ》面面《めんめん》の行持《ぎょうじ》より来《きた》れる慈恩《じおん》なり、仏祖《ぶっそ》若《も》し単伝《たんでん》せずば、奈何《いか》にしてか今日《こんにち》に至《いた》らん、一《いっ》句《く》の恩《おん》尚《な》お報謝《ほうしゃ》すべし、一法《いっぽう》の恩《おん》尚《な》お報謝《ほうしゃ》すべし、況《いわん》や正法眼蔵無上大《しょうぼうげんぞうむじょうだい》法《ほう》の大恩《だいおん》これを報謝《ほうしゃ》せざらんや（「行持下」Ⅰ360）、病雀《びょうじゃく》尚《な》お恩《おん》を忘《わす》れず三府《さんぷ》の環《かん》能《よ》く報謝《ほうしゃ》あり、窮亀《きゅうき》尚《な》お恩《おん》を忘《わす》れず、余不《よふ》の印《いん》能《よ》く報謝《ほうしゃ》あり（「行持下」Ⅰ360）、畜類《ちくるい》尚《な》お恩《おん》を報《ほう》ず、人類《じんるい》争《いか》でか恩《おん》を知《し》らざらん（「袈裟

人臣を極めるように恩に報い、捕われの身から救われた亀もその恩を忘れずに、恩人が余不亭の長官に出世するように恩に報いたのである。動物がこのように恩に報いるのに、万物の霊長たる人類がどうして恩を知らずにおられようか、おられるわけがない。まして況わんや、正法眼蔵というこの上ない最高最尊の真理（教え）が伝えられたということへの大恩に報恩感謝の気持ちを持たないでおられようか、おられはしないのである。

第二十九節　日々の行持が仏恩感謝の正道である

私たち人類が仏仏祖祖に対してどのような報恩感謝を為すべきかという問題に対しては、日々の行持を遂行することだけが、報恩感謝の正道であると示されている。この日々の行持を実行するということの道理・筋道は、日々の生命をただいい加

功徳」Ⅳ121）。

第二十九節

其報謝《そのほうしゃ》は余外《よげ》の法《ほう》は中《あた》るべからず（「行持下」Ⅰ367）、唯当《ただまさ》に日日《にちにち》の行持《ぎょうじ》、其報謝《そのほうしゃ》の正道《しょうどう》なるべし、謂《いわ》ゆるの道《どう》理《り》は日日《にちにち》の生命《せいめい》を等閑《なおざり》にせず、私《わたくし》に費《ついや》さざらんと行持《ぎょうじ》するなり（「行持

滅中途半端な生き方に使わずに、だからこそ、決してたんなる私事、つまり自分の好き勝手に生きるのではなくて、できる限りにおいて仏の功徳に報恩感謝のために配慮しつつ生きていかなければならないのだ。

第三十節　諸仏の行持も一日の行持から始まる

光陰（時間）は矢よりも早く過ぎ去るものであり、身命（人の命）は草葉の露よりも脆くはかないものである。どんな勝れた手段を講じたら、過ぎ去った一日を再び取り返すことができようか、いな絶対にできないのである。ただむなしく百歳の年齢になるまで生き続けることは、恨むべき日月であり、悲しむべき形骸である。ただし、もっと大事なことは、百歳生きるなら生きても良い、そして、その百歳生きるということは、その間は食事

下」Ⅰ368）。

第三十節

光陰《こういん》は矢《や》よりも迅《すみや》かなり（「行持上」Ⅰ342）、身命《しんめい》は露《つゆ》よりも脆《もろ》し、何《いず》れの善巧《ぜんぎょう》方便《ほうべん》ありてか過《す》ぎにし一日《いちにち》を復《ふたた》び還《かえ》し得《え》たる（「行持上」Ⅰ331）、徒《いたず》らに百歳《ひやくさい》生《い》けらんは恨《うら》むべき日月《じつげつ》なり、悲《かな》しむべき形骸《けいがい》なり、設《たと》い百歳《ひやくさい》の日月《じつげつ》は声色《しょうしき》の奴婢《ぬび》と馳走《ちそう》すとも、其中《そのなか》一日《いちにち》の行持《ぎょうじ》を行取《ぎょうしゅ》せば一生《いっしょう》の百《ひやく》歳《さい》を行取《ぎょうしゅ》するのみに非《あら》ず、百歳《ひやくさい》の佗《た》

をとり行動し横たわり眠ったりしなければならない、言い換えれば、私たち人間は生きている間は色・声・香・味・触・法と言う六境、すなわち眼・耳・鼻・舌・身（体）・識の対象に、まるでその召使いであるかのように、拘束されるがままに、いたずらに百歳まで生きているとしても、一日でも良いから誠実にかつ真剣に生きるならば、言い換えると一日の行持を遂行するならば、そのことによって、百歳の全人生をも意義あるものたらしめ、それだけではなくて、来世の百歳をも有意義たらしめるのである。だからこそ一日一日の身命は大事な命であり、大事な体なのである。このような日々三時の行持を遂行する身心は自らも愛すべきものであり、自らも敬うべきものである。私たち各自銘々の行持によって諸仏の行持を目の当たりに再現することができるのであり、諸仏へ

生《しょう》をも度取《どしゅ》すべきなり、此一日《このいちにち》の身《しん》命《めい》は尊《とうと》ぶべき身命《しんめい》なり、貴《とうと》ぶべき形《けい》骸《がい》なり（「行持上」Ⅰ330〜331）、此行《このぎょ》持《うじ》あらん身心《しんじん》自《みず》からも愛《あい》すべし、自《みず》からも敬《うやも》うべし（「行持上」Ⅰ327）、我等《われら》が行持《ぎょうじ》に依《よ》りて諸仏《しょぶつ》の行持見《ぎょうじげん》成《じょう》し、諸仏《しょぶつ》の大道《だいどう》通達《つうだつ》するなり（「行持上」Ⅰ298）、然《しか》あれば即《すなわ》ち一日《いちにち》の行持是《ぎょうじこ》れ諸仏《しょぶつ》の種子《しゅし》なり、諸仏《しょぶつ》の行持《ぎょうじ》なり（「行持上」Ⅰ299）。

至る大道が貫通し達成されるのである。こういう次第であるから、一日一日の行持は諸仏という果実をもたらす種子であり、いな諸仏の行持そのものである。

第三十一節　心がそのまま仏とはどういうことか

仏教ではたくさんの仏様が存在するけれども、基本的には世尊釈迦牟尼仏が唯一最高の仏である。だから、いわゆる諸仏とは根本的には釈迦牟尼仏である。しかも、それぞれみな違う諸仏でありながら、畢竟するに釈迦牟尼仏ということができるのは、人間各自は生まれながら清らかな心（自性清浄心）、すなわち仏性を持ち（悉有仏性）、そのかぎりにおいてその心がそのままで仏（即心是仏）となりうるのだから、釈迦牟尼仏是れ即心是仏ということができるのである。そうであるから

第三十一節

謂《いわ》ゆる諸仏《しよぶつ》とは釈迦牟尼仏《しやかむにぶつ》なり、釈《しや》迦《か》牟《む》尼《に》仏《ぶつ》是れ即心是仏《そくしんぜぶつ》なり、過去《かこ》現《げん》在未来《ざいみらい》の諸仏《しよぶつ》、共《とも》に仏《ほとけ》と成《な》る時《とき》は必《かなら》ず釈迦牟尼仏《しやかむにぶつ》と成《な》るなり、是《こ》れ即心《そくしん》是仏《ぜぶつ》なり（「即心是仏」Ⅰ149）、即心《そくしん》是仏《ぜぶつ》というは誰《たれ》というぞと審細《しんさい》に参《さん》究《きゆう》すべし（「王索仙陀婆」Ⅳ40）、正《まさ》に仏恩《ぶつおん》を報《ほう》ずるにてあらん（「礼拝得髄」Ⅱ181）。

して、過去現在未来の諸仏は共に仏《ほとけ》となるときには必ず釈迦牟尼仏となるのである。「釈迦牟尼仏是れ即心是仏なり」といえるように、私たち各自銘々が自らの内に有する清らかな心を常に発揮できるように工夫しなければならない。そして、この即心是仏とは何かと審細に参究しなければならないのである。そのように行持を参究することによってはじめて、仏のご恩に報いることができるのである。

文庫版あとがき——ほんとうに人間らしい生き方ができるのか

道元禅師の主著『正法眼蔵』は日本最高の哲学書でもありますが、本書の中から、修証（修行と悟り）に関わる言葉を選び取って、明治二十三年（一八九〇）に編輯公刊された『修証義』は、単に道元禅のみならず、仏教入門に最適のテキストです。五章三十一節からなる「修証義」の一言一句を丁寧に解説することによって、現代人が喪失しつつある、真に人間らしい生き方を探索することが出来る貴重な人生読本です。

「修証義」はその冒頭から「生を明らめ死を明らむるは仏家一大事の因縁なり」というふうに、真っ向から生と死の問題に全力で対決せよと書かれています。それゆえにこそ、禅の世界では、「生も也《また》全機現。死も也《また》全機現」、すなわち、「生もまた一生懸命、死もまた一生懸命」、要するになにごとも全力投球しなさいというふうに、私たちに、活力と元気をもたらす言葉が禅語にはたくさんあります。

本書の初版を京都の法藏館より二〇一〇年四月十五日付で発行していたのですが、今回法藏館が文庫本として発行するという企画を発表されました。著者としても大変有り難く心より感謝の意を表したく思います。

令和七年二月

下関市長府・功山寺にて　有福孝岳

道元禅師のことば

「修証義」入門

有福孝岳

法蔵館文庫